歴史文化ライブラリー

349

東アジアの日本書紀

歴史書の誕生

遠藤慶太

吉川弘文館

目　次

書物としての『日本書紀』——プロローグ

1　書物としての『日本書紀』

『日本書紀』と聞いてどのようなイメージを抱くだろうか。はるか神代のものがたり、あるいは古墳の時代にさかのぼる古代の記録など、人によりさまざまに違いない。ときに文化財の報道で『日本書紀』が登場することがある。とりわけ古代の宮都・寺院が集中する飛鳥の発掘調査では、『日本書紀』との合致は話題になる。なにしろ『日本書紀』は日本古代史の根本史料なのである。調査の成果を公表する場合、具体的な人物や事件を書き記す『日本書紀』を持ち出せば、遺跡の意義を強く訴えかけることができるのだろう。

もっとも『日本書紀』は歴史書である。過去にあったできごとを記録し、年代に従って配列した著作である。だから『日本書紀』は歴史そのものではない。伝承・記録にもとづいて後代にまとめられた編纂物《へんさんぶつ》である。あくまで書物、〈書かれた歴史〉である。『日本書紀』を史料として扱うのか、書物としてひもとくのか――この溝は、歴史に関心を持つ一般の人はもとより、研究者の間でもなかなか埋めがたい。

そこで本書は基本に立ち戻り、書物としての『日本書紀』の成り立ちや内容を問うことを主題に選んだ。その古さや情報の豊かさ、後代への影響まで考えると『日本書紀』の価値はきわめて大きい。だからこそ『日本書紀』は必要以上に評価され、あるいは軽視されてきた経緯を持つ。等身のままの『日本書紀』をとらえるため、歴史書が誕生した時代に『日本書紀』を置きなおしてみればどうなるのか。本書はその試みである。

その際注意したのは、東アジアとの関わりを軸にすることである。『日本書紀』には相当な分量で朝鮮関係の記事を含んでいる。古くは鮎貝房《あゆかいふさ》之《の》進《しん》『雑攷《ざつこう》 日本書紀朝鮮地名攷』（一九三七年）、現代でも韓国で金鉉球《キムヒョング》・禹在柄《ウジエビョン》・朴賢淑《パクヒョンスク》・李在碩《イジエソク》『日本書紀韓国関係記事研究』（二〇〇二〜〇四年）が著されているように、『日本書紀』は朝鮮古代史の宝庫でもある。考えてみれば日本の歴史書として不思議なことで、この事実は『日本書紀』と東アジアの関係を重視したときにはじめて、理解の及ぶ問題なのだと考える。

本書の構成をあらかじめ語っておこう。最初は『日本書紀』の成立や特徴について焦点を絞り、歴代天皇の系譜や神話・歌謡、紀年と暦日について述べる。次は具体的な事件の記事に進み、国外史料との対比が可能な『日本書紀』の五世紀・六世紀史に踏み込んでゆく。そして最後に『日本書紀』の枠組みに影響を与えた百済史書《くだらししょ》の問題を掘り下げることにより、全体を通して歴史書が誕生する過程をたどることを意図している。

天皇の年代記

『日本書紀』が出来るまで

編纂をさかのぼる

書物としての『日本書紀』を論じるにあたって、やはり最初は『日本書紀』の成り立ちから語りだすことにしたい。『日本書紀』の完成は周知のとおり養老四年（七二〇）である。奈良時代の歴史書『続日本紀《しょくにほんぎ》』には、次のように簡単な記事がある。

癸酉。……是《これ》より先、一品舎人親王《とねりしんのう》勅を奉《うけたまわ》り、日本紀《にほんぎ》を修《あ》む。是に至りて功《くう》成り奏上す。紀《き》三十巻・系図《けいず》一巻。（『続日本紀』養老四年五月）

親王を責任者にあおいで歴史書をまとめること（編纂《へんさん》）は、『古事記』はもとより、その後でもみられない。それだけ朝廷が最初の歴史書をまとめることに力を注いでいた（図

1)。

また忘れられがちであるが、養老四年に完成した『日本書紀』はそのすべてが現在にまで伝わっているわけではない。わたしたちは本文、すなわち「紀三十巻」は読むことができるが、『日本書紀』に付属していた「系図一巻」は失われており、もはやみることができない。古代の朝廷によってまとめられた歴史書のなかには、他に系図が付属するものはない。唯一『日本書紀』に系図が付属していたことは、『日本書紀』がどのような書物であるかを考えるうえで見過ごすことができない特徴である。

図1　舎人親王
（国史絵画，神宮徴古館農業館蔵）

しかも『日本書紀』には『古事記』のような序文・上表文が存在しない。『続日本紀』の記事では「是より先」とあるだけで、いつから歴史書をまとめることが始まり、養老四年の完成までにどのような経緯があったのかは語られていない。したがって編纂の沿革を詳細に確かめることはできないのだが、日本における歴史書編纂の歩みをさかのぼり、広く見渡すことによって、『日本書紀』に結実する修史の糸をたどることができるだろう。『日本書紀』のなかから歴史書に関する記事を探ると、古くは推古天皇二十八年（六二〇）の記事が注目される。

是歳《このとし》、皇太子《こうたいし》・嶋大臣《しまのおおおみ》共に議《はか》りて、天皇記《てんのうき》及び国記《こくき》、臣《おみ》・連《むらじ》・伴造《とものみやつこ》・国造《くにのみやつこ》・百八十部《とものお》、幷《あわ》せて公民等の本記《ほんき》を録す。（『日本書紀』推古天皇二十八年是歳）

皇太子は厩戸皇子《うまやどのみこ》（聖徳太子）、嶋大臣は蘇我馬子《そがのうまこ》である。推古朝において政治上のトップにあった皇族と大臣が監修し、「天皇記」「国記」などの史書をまとめたと記されている。「是歳」とあって具体的な月日が伝わらないのは、推古朝において修史事業のあったことを記して、実際の編纂作業の開始時期を示すものではないかもしれない。

これら推古朝の史書の詳細はどのようなものであったか。ひとつの推測は以下のようなものである（和田英松「奈良朝以前に撰ばれたる史書」『国史説苑』明治書院、一九三九年、一九三五年初出）。

①「天皇記」は、歴代大王の系譜などを書いたもの

②「国記」は、のちの風土記にあたるような、各地の伝承をまとめたもの

③「臣連伴造国造百八十部幷公民等本記」は、古代氏族の伝承・系譜を記録したもの

このうち「臣・連・伴造・国造……」という長い書名は、「国記」に対する注記とみる有力な意見がある（榎英一「推古朝の「国記」について」『日本史論叢』五、一九七五年十二月）。そこで推古天皇のときにまとめられた史書とは、「天皇記」「国記」の二種類として考えておきたい。

「天皇記」を系譜の集成とみなす解釈にたてば、「国記」の「クニ」は大化元年（六四五）七月に置かれたという「国博士《くにはかせ》」の「クニ」と同様、列島各地にあった国造のクニではなく、国土を指すとみなすことも可能であろう。中国史書に目を移すと、国家史・国史の意味で「国記十余巻」をまとめた記事がみえる（『魏書』崔浩《さいこう》伝）。地理書として○○国記との書名であれば、「粛慎《しゅくしん》国記」（『史記』孔子世家《せいか》の注）、「林邑《りんゆう》国記」「諸蕃《しょばん》国記」（『隋書』経籍志）など数多い。推古朝の「国記」を系譜と考えるか広義の地理書と考えるかは断案が出ない。推古朝の史書は現存していないため、いずれの説も憶測に留まるのである。

「天皇記」「国記」は聖徳太子（祖母と妃は蘇我氏）と蘇我馬子という蘇我氏の色が濃いメンバーでまとめられた。その関係であろう、これらの史書は蘇我氏の邸に蔵《おさ》められてい

た。皇極天皇四年（六四五）六月の政変（いわゆる大化の改新）で蘇我入鹿《いるか》が斬殺されたとき、その父である蝦夷《えみし》は「天皇記」「国記」と珍宝を火に投じ、自滅の路を選択する。「国記」だけが船史《ふねのふひと》恵尺《えさか》という人物によって取りだされ、中大兄皇子に献じられた。

蘇我氏が推古朝の歴史書を占有していたことは、その権力の大きさを物語っている。歴史書の内容そのものについても、のちにみる天武・持統朝の史書編纂とは様相を異にしたはずである。

天武朝の修史

その後しばらく歴史書をまとめる記事は姿を消す。次に史書編纂が企てられるのは、唐との戦争（白村江《はくそんこう》の戦い）・皇位をめぐる内乱（壬申の乱）など内外での戦乱を経た後、天武天皇十年（六八一）である。

> 丙戌、天皇、大極殿《だいごくでん》に御し、川嶋皇子《かわしまのみこ》・忍壁《おさかべ》皇子・広瀬王《ひろせのおおきみ》・竹田《たけだ》王・桑田《くわた》王・三野《みの》王・大錦下上毛野君《かみつけののきみ》三千《みち》・小錦中忌部連首《いみべのむらじおびと》・小錦下阿曇連稲敷《あずみのむらじいなしき》・難波連大形《なにわのむらじおおかた》・大山上中臣連大嶋《なかとみのむらじおおしま》・大山下平群臣子首《へぐりのおみこびと》に詔して帝紀《ていき》及び上古諸事《じょうこしょじ》を記定せしめたまふ。大嶋・子首、親《みずか》ら筆を執り以て録す。（『日本書紀』天武天皇十年三月）

右の記事は壬申の乱後に天武天皇の命令で進められた「帝紀」「上古諸事」の編纂であり、『日本書紀』の編纂はこの事業を直接の出発点としたのであろう。養老四年（七二〇）の記事で「是より先」とあるのは、天武朝とみておく。

その理由は、この事業が公的色彩の濃いものであり、『日本書紀』に至る歴史書編纂の起点としてふさわしいと考えられるからである。右の記事にある「大極殿」は、発掘調査によって検出されている飛鳥浄御原宮《あすかきよみはらのみや》（飛鳥京跡Ⅲ―Ｂ期）東南郭の建物跡（ＳＢ七七〇一）に相当すると考えられる。また東南郭の北側を占める外郭の東側からは、「辛巳年」（六八一、天武天皇十年）・「□大津皇」・「阿直史友足」などと記した削屑木簡《けずりくず》が出土し、天武天皇十年三月の記事との関連が推測されている。

天武天皇は浄御原宮の正殿にあたるこの建物に出御し、直々に編纂を命じた。しかも人員は川嶋皇子・忍壁皇子を筆頭に十二名、皇族を戴いて編纂を進めるのは、在位中ついに大臣を置かなかった天武朝らしい。この構成からみても天皇の意気込みが伝わる。

それというのも「帝紀」「上古諸事」の記定の命じられた天武天皇十年には、二月に「親王・諸王及び諸臣」を召して「律令《りつりよう》を定め、法式を改め」させたとある。つまり天武朝においては国史（歴史）と律令（法典）、ふたつの編纂が朝廷の公式事業として開始しているのである。

この流れを受け継いで、舎人親王《とねりしんのう》は養老四年段階における皇族の重鎮として、天武朝以来の編纂事業を総裁した。それでもこの後、天武朝から公的な史書の完成までには、ほぼ四十年という年月を要する。最初の歴史書をまとめることがいかに困難であったかがうかがえるだろう。

編纂事業の拡大

困難のひとつは、宮廷において特定の地位を占めた諸氏族の伝承をどのように取り込むのかにあったと考えられる。持統天皇五年（六九一）には、詔により十八の氏族に「墓記《ぼき》」の提出を求めている。

> 辛亥、十八氏大三輪《おおみわ》。雀部《さざきべ》。石上《いそのかみ》。藤原。石川。巨勢《こせ》。膳部《かしわで》。春日。上毛《かみつけ》野《の》。大伴。紀伊。平群《へぐり》。羽田。阿倍。佐伯。采女。穂積。阿曇に詔して、其の祖《おや》らの墓記を上進せしむ。（『日本書紀』持統天皇五年八月）

右の記事は天武朝以来の修史事業に関連づけて理解されてきた。「墓記」はここにのみ現れる語で、通常いわれているのは諸氏族の伝承である。ちょうど江戸幕府が『寛永諸家《かんえいしょか》系図伝《けいずでん》』の編纂に際して、大名旗本から系譜史料などを提出させた状況などが想像されようか。たしかに『日本書紀』本文を注意して読めば、「中臣連の遠祖」「忌部の遠祖」のような注記がみられ、氏族の始祖には配慮されていることがわかる。

この後は和銅七年（七一四）には紀清人《きのきよひと》・三宅藤麻呂《みやけのふじまろ》に勅して国史を撰ばせた記事があり（『続日本紀』和銅七年二月戊戌条）、人員の面からの補充と解されている。追加があったのは人員だけではない。全体の編成についても編纂が進むにつれて天武天皇十年時点とは違う構想になったことが確実である。

『日本書紀』全三十巻の構成は（表1）に示しておいた。現在の『日本書紀』全三十巻には、天武朝（巻第二十八・二十九）・持統朝（巻第三十）まで収めてあるので、神代から持統天皇の譲位までをちょうど三十巻のなかに編成する意図のもと編纂の対象が拡張し、養老四年五月の奏上に至るのである。

『日本書紀』の講義

『日本書紀』の成立にふれる場合、その多くは養老四年（七二〇）五月の完成記事で説明が終わる。書物の完成という点ではそれでよいだろう。ただ誕生した歴史書が古典としてゆるぎない権威を身につけるには、相応の理

表1　日本書紀の巻構成

巻	天皇代
1	神代上
2	神代下
3	神武
4	綏靖～開化（8代）
5	崇神
6	垂仁
7	景行・成務
8	仲哀
9	神功皇后
10	応神
11	仁徳
12	履中・反正
13	允恭・安康
14	雄略
15	清寧・顕宗・仁賢
16	武烈
17	継体
18	安閑・宣化
19	欽明
20	敏達
21	用明・崇峻
22	推古
23	舒明
24	皇極
25	孝徳
26	斉明
27	天智
28	天武上（壬申紀）
29	天武下
30	持統

由がなければならない。『日本書紀』の場合、繰り返しその内容を講義する機会が設けられたことが重要である。

平安時代の宮廷では『日本書紀』を講義することが恒例となり、養老度を含め合計七回の講書開催が確認される（『釈日本紀』開題）。これらの講書は『日本書紀』の歴史像を確認・継承するだけではなく、「日本紀」を称する言説発生の場として注目されてきた。

その講書の最初は養老五年に行われたとされる。養老講書《ようろうこうしょ》である。かつては「養老五年私記」という講義の記録が存在し（『本朝書籍目録《ほんちょうしょじゃくもくろく》』）、現在残る『日本書紀』の古写本にも「養老」「養老説」「養老日本私記」などと注記された訓注・注釈がみられる。

養老五年といえば『日本書紀』奏上の翌年にあたる。そのような時期に講書を行う目的は何であったのだろうか。たとえば『日本書紀』は国語を漢語で表記したためによみ方が難しく、そのため完成後に講書が必要であったとの意見がある。「養老説」の注記はおもに訓を主題とするもので、仮名遣いの面からは、たしかに奈良時代の語とみても矛盾が少ないことが指摘されている。したがって漢文で書かれた歴史書を和語で訓読する作業が行われたのは確かだと思う。だが完成まもない日本最初の歴史書を読むことの意味は、いっそう深いところに求めるべきではなかろうか。

天武朝に開始された歴史書の編纂は、国家制度を整備する意図にもとづき、同時期の律令編纂と関連することを先にふれた。史書と法典を整えるといえば、国家が形成され法律が意識されたときにはじめて、歴史を保存する能力と必要が備わるのだと説いた哲学者のことばが想起される（長谷川宏訳、ヘーゲル『歴史哲学講義』上、岩波文庫　一一〇ページ）。大宝律令《たいほうりつりょう》や養老律令《ようろうりつりょう》のような法典は、完成・施行された際には講義が行われた（『続日本紀』大宝元年四月庚戌条など／『延暦交替式《えんりゃくこうたいしき》』にみえる「天平宝字元年説令所《せつりょうしょ》」）。同じく天武朝の国家事業に直接の出発点を持つ『日本書紀』は、完成時にその内容が有効であることの意味もこめ、奏上された翌年に朝廷で講義されたのではなかろうか。

もちろん実務的な律令と多分に観念的で神話や系譜を含む歴史書を同列に扱えないとの反論があるだろう。しかしそれはあまりに現代的な考えであって、『日本書紀』の読者は誰か、誰に向けてこの史書がまとめられているのかを考えると、養老講書——すなわち完成した史書を読む公的な機会が用意された意味は、従来考えられている以上に大きい。奏上の翌年に講書が行われたということは、編纂作業そのものが講書を前提に進められた可能性もある。書かれた歴史が読み上げられる。律令官人のすべてが内容を理解できなくともよい。読み上げられる公式の機会があったことが大切なのである。そして講書を通じて、

『日本書紀』は政府公認の歴史書としての権威を獲得するのである。

『日本書紀』の成立とは、天皇への奏進が終着なのではなく、講書によって周知のものとなり、宮廷において公的な権威を獲得した時点とみる。それは漢籍の「施行《しぎょう》」や仏典の漢訳など、完成したテキストが公認されるまでに特定の手続きを経たことと同じなのではないか。

これまでは『日本書紀』が完成の翌年に読み上げられた点が見逃されていたために、『日本書紀』の内容は八世紀に述作もしくは創作されたと強調する論調が多かったように思う。歴史書をまとめるとき、筆録者がほしいままに歴史を書くことができたとの確信が、そこにはあった。ところが養老五年講書を認めると、筆録者の一方的な立場ではなく、歴史書の誕生に立ち会った読者の問題が浮上する。このことは『日本書紀』がどのような書物であるのか、その内容に信頼を置くことができるのかと考えるときに、一定の指針を与えるはずである。

『日本書紀』の書名

もうひとつ厄介な問題がある。それは『日本書紀』の書名である。『続日本紀』の記事には「日本紀」とあって「日本書紀」ではない。このことは古来議論の的であり、現在でも書名の原題については確たる結論に至っていない。「日本書紀」「日本紀」ともに古くからある標題で、相応の根拠を持つことが問題の解決を困難にしている。

『日本書紀』に続く史書の名前は「続日本紀」であり、『日本書紀』が引用された場合でも「日本紀に云はく……」とされた例が多い。ところが「日本書紀」の書名も古くからあって、「公式令《くしきりよう》」詔書式条（1）について、「古記《こき》」では「日本書紀巻第一に云はく……」と『日本書紀』神代上を引用している。「古記」とはおよそ天平十年（七三八）前後に出来た大宝令の注釈である。現存する写本を見渡しても、平安期にまでさかのぼる古写本（田中《たなか》本や前田《まえだ》家《け》本など）では、内題・尾題ともに「日本書紀」とある。「日本書紀」「日本紀」ふたつの書名が併存している。

書名『日本書紀』の意味については、鎌倉時代にまとめられた『釈日本紀《しやくにほんぎ》』においても採り上げられ、早くから注意されていた。

問ふ。此の書、「日本書紀」と名づく。其の意如何《いかん》。

答ふ。師説《しせつ》。日本国の帝王の事を注《しる》すに依り、これを「日本書紀」と謂《い》ふなり。

また問ふ。「日本書」と謂はず。また「日本紀」とも謂はず。ただ「日本書紀」と謂ふ。如何。

答ふ。師説。大唐《だいとう》の文字を伝習し、九流《きゆうりゆう》の書を考へて此の書（＝日本書紀）を撰出す。其の中殊《こと》なるは、神代《じんだい》の事・倭歌古語《わかこご》等これなり。……但、宋《そう》の太子詹事范《せんじはん》蔚宗《うつそう》（＝范曄《はんよう》）『後漢書《ごかんじよ》』を撰ぶの時、帝王の事を叙するは、これを「書紀《しよき》」と謂ふ。臣下の事を叙するは、これを「書列伝《しよれつでん》」と謂ふ。然《しか》らば則《すなわ》ち「書紀」の文、此れに依るか。（『釈日本紀』開題）

『釈日本紀』は平安時代以来繰り返された『日本書紀』講義の記録を集成したものであり、古くからの解釈を伝えている。ここでも問答の形式で『日本書紀』の書名が問題にされ、「師説」によって説明がなされているのである。

その説明によれば、『日本書紀』は「大唐」（中国）のさまざまな古典を模範として撰ばれており、ただし「神代の事・倭歌古語」（神話や歌謡など）を採録したのは独自である。また劉宋・范曄（三九八―四四五）が『後漢書』を著したとき、帝王の事を主題とするので、その書名は分を「書紀」といった。『日本書紀』は日本国の帝王のことを主題とするので、その書名はこれに拠っているのだろうか、という。「答」は『後漢書』の例を挙げながら断定は避けている（ただしこの文章は、現行の『後漢書』や『宋書』范曄伝には見えず、出所不明である）。『釈日本紀』の時点で書名『日本書紀』の意味がわからなくなっており、「日本書紀」

「日本紀」ふたつの書名について解決されてはいない。しかし問答の内容そのものは大変有益である。

第一に『日本書紀』は中国正史を模範として「帝王の事」を記述した。しかし模範から外れる部分もあり、第二に「神代の事・倭歌古語」を掲載するのは独自であるとする。この二点はいずれも『日本書紀』の本質を衝いた見解であると思う。

「日嗣」について

『日本書紀』の材料

それでは『日本書紀』のもとになった材料は、どのようなものだったのか。氏族の伝承・寺院の縁起・外交の記録など、じつに多様な素材が『日本書紀』に採用されたことは、すでに議論されている。『日本書紀』研究では戦後の第一人者といってよい坂本太郎《さかもとたろう》（一九〇一―八七）は、『日本書紀』のもとになった資料を次のように整理した。

①帝紀《ていき》
②旧辞《きゅうじ》
③諸氏に伝えた先祖の物語の記録

④地方諸国に伝えた物語の記録
⑤政府の記録
⑥個人の手記
⑦寺院の縁起
⑧百済に関する記録

『釈日本紀』開題の問答によれば、『日本書紀』は「日本国の帝王の事」を叙述した史書である。したがって、これら坂本説による整理のなかでも、最も重要な素材として①「帝紀」――歴代天皇に関する記録をもって代表させてもよいだろう。天武天皇十年三月の記事で「帝紀」、さらにさかのぼると推古朝の「天皇記」がこれに該当する。

「帝紀」は別の名称でも呼ばれた。それは「日嗣《ひつぎ》」である。「日嗣」とは天皇の位を継承すること、天皇の位そのものを指すことばでもある。奈良時代の天皇の即位宣命《そくいせんみょう》には「天《あま》つ日継《ひつぎ》」の継承が謳われる。この「日嗣」は読み上げられる機会のあったことも重要である。次に挙げるのは、持統天皇二年（六八八）十一月に行われた天武天皇の葬送を締めくくる場面である。

乙丑。布勢朝臣御主人《ふせのあそんみぬし》・大伴宿禰《おほとものすくね》御行《みゆき》、遆《たが》ひに進み誄《しのびごと》す。直広肆当麻真人智徳《たいまのまひとちとこ》、皇《こう》

> 祖等《そとう》の騰極《とうきょく》の次第を誄し奉る。礼なり。古《いにしえ》には日嗣《ひつぎ》と云ふなり。畢《おわ》りて大内陵《おおうちのみささぎ》に葬る。（『日本書紀』持統天皇二年十一月）

六八六年九月に崩じた天武天皇の葬送は二年近く行われ、「日嗣」の奏上が終わってようやく大内陵への埋葬が行われた（図2）。古代においては、本葬を行うまで遺骸を喪屋《もや》に安置してとむらうことを「殯」（モガリ・アラキ）と呼ぶ。天皇の殯はオホアラキ（大殯・大荒城）である。殯の研究は和田萃《わだあつむ》氏の検討が現在も基礎であり、それを参照すると、七世紀の天皇の葬送はきわめて厚く行われていたことが明らかになってくる。

殯の終わりに

天武天皇の葬送では、最後に奏上されたのが「皇祖等の騰極の次第」（極みに騰《あが》る。すなわち天皇の祖先が即位した次第）で、それは古くは「日嗣」と呼ばれていたとある。「皇祖等の騰極の次第」を奏上した当麻智徳は、持統太上天皇・文武天皇の葬送においても代表して誄を奉ったことが『続日本紀』から知られる（『続日本紀』大宝三年十二月癸酉条・慶雲四年十一月丙午条）。

誄は所作をともない口頭で奏上された。推古天皇の母であった堅塩媛《きたしひめ》の改葬では、時の人が誄した具体的な人名を挙げて「能《よ》く誄す」「誄能からず」と評したとある（『日本書紀』推古天皇二十年二月）。誄はその巧拙が論評される性格のものであった。だから天皇の

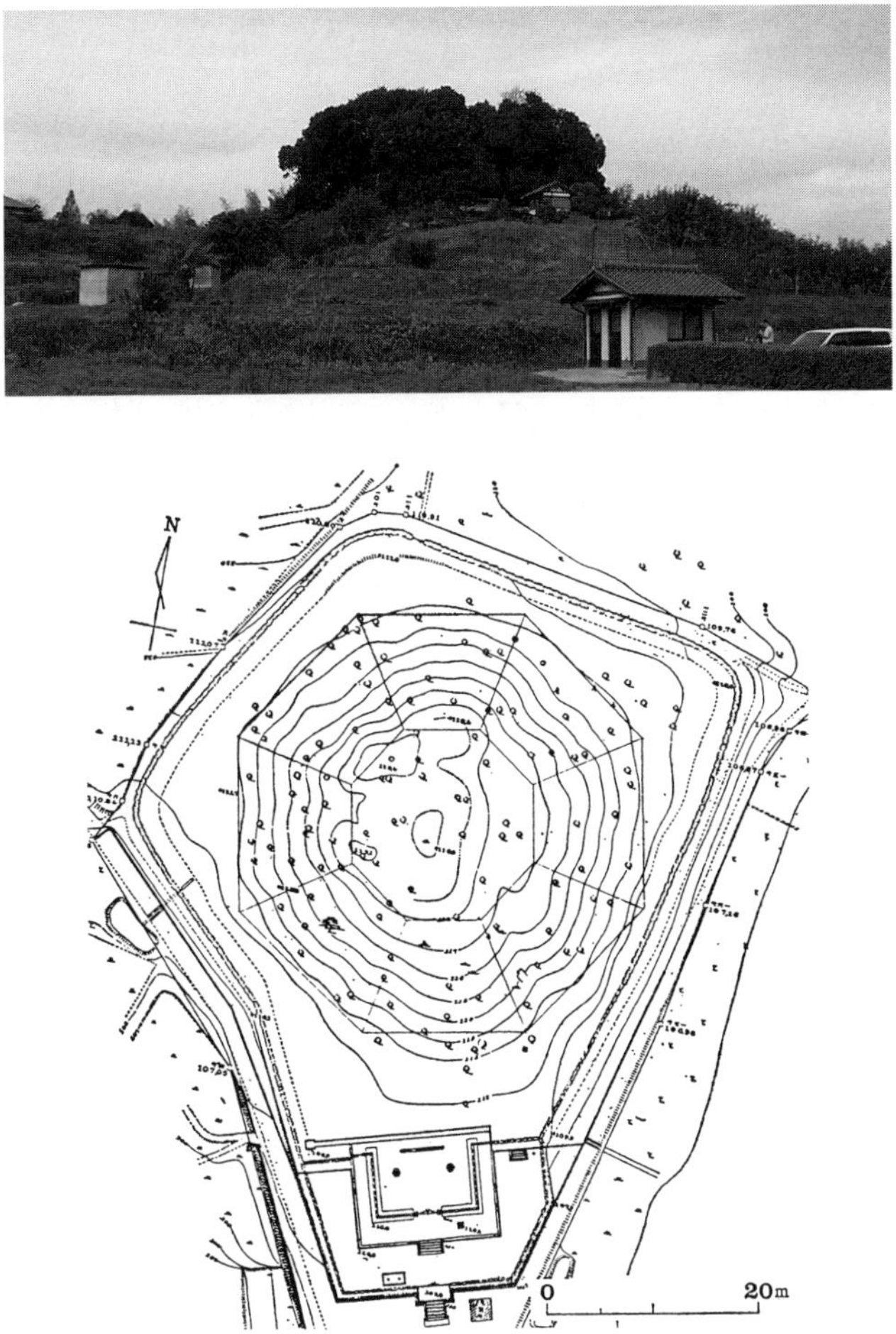

図2　天武・持統天皇合葬陵
(上・著者撮影／下・白石太一郎「畿内における古墳の終末」国立歴史民俗博物館研究報告1より)

葬礼で三たび誄を奉った当麻智徳は、皇別氏族の出身者であるだけでなく、誄の奏上によほど長《た》けた人物であったのだろう。

ともかく詳細な記録の残る七世紀の天皇の葬送は、しめくくりにおいて「日嗣」の奏上やそれにともなうおくり名（和風諡号《わふうしごう》）の献呈をもって終わる。死去した大王のおくり名が定められ、その披露・献呈がなされる過程において「日嗣」への書き足し、すなわち歴代系譜への編入が果たされたのである。

『日本書紀』欽明天皇二年三月には、天皇の皇子女を列挙し、「『帝王本紀《ていおうほんぎ》』にある古い伝えは、撰集にあたる人が交替し、後人が習い読むときに私意で改めたりし、伝写の過程で錯乱してしまったため、前後の順番・兄弟の順位が食い違ってしまった」と断る注記がある。文章そのものは『漢書』を注釈した唐・顔師古《がんしこ》「叙例《じょれい》」の字句を入れ替えただけであるが、「帝王本紀」なるものが書物として存在したのなら、それは文字化された「日嗣」（帝紀）に他ならない（図3）。

「日嗣」とは、〈天皇系譜とそれに付属した基礎情報〉と考えられる。そしてこの「日嗣」が歴史書を編む際の骨組みとされた。『日本書紀』の核心にあるのは天皇系譜なのである。皇別の諸氏族であれば始祖は天皇の系譜から分岐する。あるいはその他の氏族でも始祖がある天皇代に奉仕した伝承が繋げられている。天皇の系譜はいわば系譜・伝承群のプラットホームであるので、諸氏族の系譜・伝承とも密接に連関する。「帝紀」「旧辞」のような伝承資料は、大王（天皇）を葬る儀式などで読み上げられる歴史でもあり、文字によって記録される歴史でもあった。

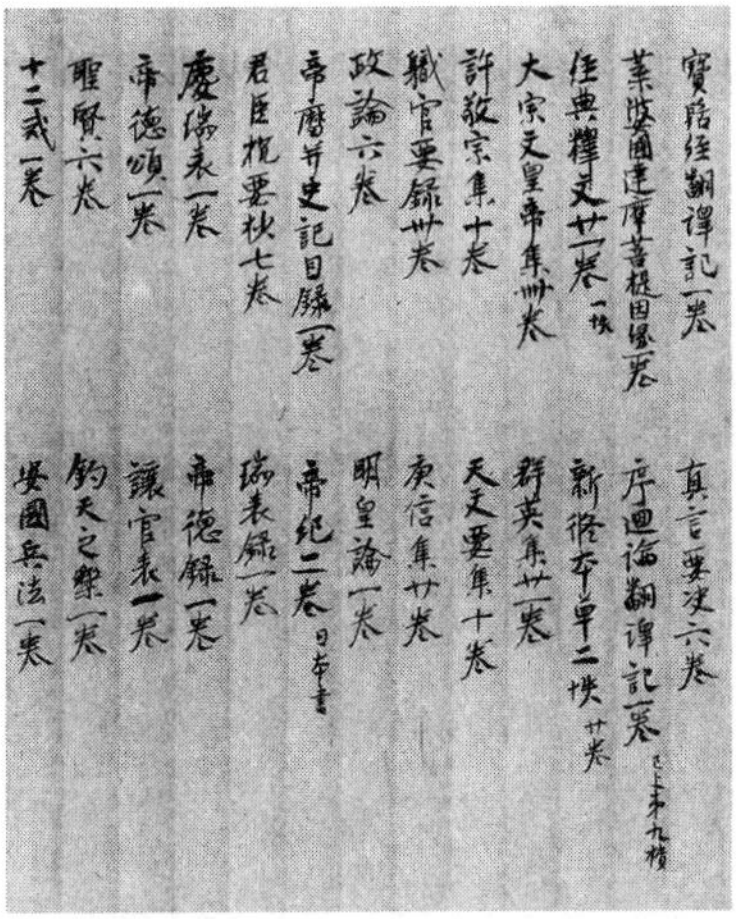

図3　正倉院文書にみえる書名「帝紀」（上・続集後集17／下・続々修32—5裏）

「日嗣」がどのようなものであったかを摑むために、『日本書紀』と『古事記』を対比して示しておこう。第四代、安寧天皇《あんねいてんのう》の部分を例として掲げる。

日嗣のおもかげ

〔日本書紀〕巻第四　安寧天皇

磯《シ》城《キ》津《ツ》彦《ヒコ》玉《タマ》手《テ》看《ミ》天皇は神《かみ》渟《ぬ》名《な》川《かわ》耳《みみ》天皇の太子なり。母は五《い》十《す》鈴《ず》依《より》媛《ひめ》命と曰ふ。事《こと》代《しろ》主《ぬし》神の少女なり。天皇、神渟名川耳天皇二十五年を以て立ちて皇太子と為《な》る。年二十一。

三十三年夏五月、神渟名川耳天皇崩ず。其の年の七月癸亥朔乙丑、太子、天皇の位に即く。

元年冬十月丙戌朔丙申、神渟名川耳天皇を倭《やまと》の桃花鳥田丘上陵《つきだのおかのうえ》に葬る。皇后を尊んで皇太后と曰ふ。是年、太歳癸丑。

二年、都を片塩《かたしほ》に遷す。是を浮孔宮《うきあなのみや》と謂《い》ふ。

三年春正月戊寅朔壬午、渟《ぬ》名《な》底《そこ》仲媛《なかつひめ》命（また渟名襲媛と曰ふ）を立てて皇后と為す（一書に云はく、磯城県主葉江の女、川津媛といふ。一書に云はく、大間宿禰の女、糸井媛といふ）。是より先、后、二皇子を生む。第一を息《おき》石《そ》耳《みみ》命と曰ふ。第二を大日本《おおやまと》彦《ひこ》耜友《すきとも》天皇と曰ふ（一に云はく、三皇子を生む。第一を常津彦某兄と曰ふ。第二を大日本彦耜友天皇と曰ふ。第三を磯城津彦命と曰ふ）。

十一年春正月壬戌朔。大日本彦耜友尊を立てて皇太子と為す。弟、磯城津彦命は、是れ猪使連《いつかいのむらじ》の始祖なり。

三十八年冬十二月庚戌朔乙卯、天皇崩ず。時に年五十七。

〔古事記〕中巻　安寧天皇段

師木津日子玉手見命《シキツヒコタマテミ》、片塩《かたしお》の浮穴宮《うきあなのみや》に坐《ましま》して天下を治めたまひき。此の天皇、河俣《かわまた》毘売《びめ》の兄、県主波延《はえ》の女、阿久斗比売《あくとひめ》を娶《めと》りて生みたまふ御子、常根津日子伊呂泥命《とこねつひこいろね》、次に大倭日子鉏友命《おおやまとひこすきとも》、次に師木津日子命。此の天皇の御子ら、并《あわ》せて三柱の中、大倭日子鉏友命は天下を治めたまひき。次に師木津日子命の子、二王坐す。一子、孫伊賀の須知の稲置・那婆理の稲置・三野の稲置なり。一子、和知都美命《わちつみ》は、淡道《あわじ》の御井宮《みい》に坐す。故《かれ》、此の王に二女有り。兄の名は蠅伊呂泥《はえいろね》、またの名は意富夜麻登久爾阿礼比売命《おおやまとくにあれ》。弟の名は蠅伊呂《はえいろ》杼《ど》なり。

天皇の御年、肆拾玖《しじゅうく》歳。御陵は畝火山の美富登《みほと》に在り。

安寧天皇（シキツヒコタマテミ）について、読者はほとんど耳なじみがないことと思う。『日本書紀』『古事記』ともに、二〜九代の天皇については右のような基礎情報のみである。そこから八人の天皇は「大和缼史時代《やまとけっしじだい》」（松岡静雄《まつおかしずお》）、さらに「欠史八代《けっしはちだい》」と通称されてきた。戦後の古代史学界では実在性が薄いとする意見が主流で、「欠史八代」は天武朝ごろの宮廷の状況を反映して造作されたとみる声は大きい。ここではその当否を留保したうえで安寧天皇についての記述そのものに注目しよう。この基礎情報こそが「日嗣」を髣髴《ほうふつ》とさせるものであるからである。

基礎情報は、①諱《いみな》（名前）・②続柄（両親、キサキと子女）・③宮の場所・④宝算（享年）・⑤陵から構成される。この基礎情報は『日本書紀』の歴代天皇に備わっており、紀年のある記事と区別して「即位前紀」と通称されている。基礎情報のくりかえしは部分であっても全体を想起させるのに十分である。『日本書紀』が「日嗣」を骨組みとするというのは、そういう意味である。

「欠史八代」の天皇は、「日嗣」だけしか伝わっていない。「欠史八代」という言葉には机上で造作された架空の歴代との意味合いが感じられ、「欠史」（闕史）とは、率直にいえば〈歴史を欠いている〉という意味なのだろう。しかしそうではない。『日本書紀』をまとめた人たちにとって、最低限「日嗣」があれば歴史たりえた。「日嗣」こそが歴史である――『日本書紀』巻第四はそういう世界なのだと、わたしは考える。

日嗣から天皇紀へ

このような理解が正しければ、『日本書紀』の本質は「日嗣」をもとにして、天皇代ごとの年代記として組み立てられた点に集約されるのである。

『日本書紀』全三十巻の構成は表1に示したとおりである。三十巻のなかには四十代の天皇および神代・神功皇后の巻を含むが、やはり基本は天皇紀としてのまとまりを意識するものなのである。実際に『日本書紀』では、本書・分註とりまぜて他の天皇紀を指示する注記がみられる。

巻十三…安康天皇三年八月　辞《こと》は具《つぶさ》には大泊瀬天皇紀（巻十四：雄略紀）に在り

巻十四…雄略天皇即位前紀　語《こと》は穴穂天皇紀（巻十三：安康紀）に在り

巻十四…雄略天皇十四年四月　語は穴穂天皇紀に在り（＊本文）

巻十五…清寧天皇二年十一月　語は弘計《おけ》天皇紀（巻十五：顕宗紀）に在り（＊本文）

巻十五…仁賢天皇即位前紀　事は弘計天皇紀に具なり。

巻十五…仁賢天皇五年二月　弘計天皇紀に見ゆ。

巻二十一…用明天皇即位前紀　炊屋姫《かしきやひめ》天皇紀（巻二十二：推古紀）に見ゆ。

巻二十一…用明天皇元年正月　語は豊御食《とよみけ》炊屋姫天皇紀に見ゆ（＊本文）

巻二十六…斉明天皇即位前紀　息長足日広額《おきながたらしひひろぬか》天皇紀（巻二十三：舒明紀）に見ゆ（＊本文）

巻三十…持統天皇即位前紀　語は天命開別《あめみことひらかすわけ》天皇紀（巻二十七：天智紀）に在り（＊本文）

これらはひとつの説話を天皇代で分断した場合やすでに登場している皇族の記事を示す場合に用いられている。「〇〇天皇紀に見ゆ」との指示自体が、『日本書紀』は天皇代ごとのまとまりを持つ天皇の年代記であることを明示したといえるだろう。

『古事記』との違い

ところで安寧天皇紀についてせっかく『古事記』も対照できるように並べたので、『日本書紀』と『古事記』は何が違うのかを比較しておきたい。

固有名詞の文字表記や宝算（天皇の享年）に違いがあるものの、「日嗣」であろう基礎情報はほぼ同じで、大きく違うのが次の二点である。

①紀年の有無（年代の表示）
②分註の存在（二行の割り書きで注がある）

①の紀年については、本来の「日嗣」には細かな年代の表示がなかったと考えた方が自然である。おそらく『古事記』の方が原型をとどめている。

『古事記』には一部の天皇について、崩じた年の干支を付け加えで書いた箇所がある

（崩年干支《ほうねんかんし》）。これだけが『古事記』における「いつ」の表示になる。代表的な『古事記』観――たとえば本居宣長《もとおりのりなが》によれば、『古事記』とは、悠久の昔より言い伝えられてきたものを、そのままに文字にしたテキストだと考えている。そこで宣長は崩年干支を根拠のある重要なものとみなすけれども、〈言い伝えられてきたもの〉ではなかったと判断し、『古事記』の本文からは削るべきだと主張した（『古事記伝』二十三之巻）。

「歴史」という言葉が暦（歴・暦は通用）と記録者（史）から成り立っていることでもわかるように、年代は歴史書の本質に関わる。過去にあったできごとを記録するときに、それが「いつ」のことなのかが明示されなければならない。ところが宣長の説に従えば、もはや『古事記』には「いつ」がない。「いつ」を表示しない歴史書は、はたして歴史書なのであろうか。

反対に原則として『日本書紀』では天皇の即位の年の干支を太歳《たいさい》によって表示する。安寧紀には「是の年、太歳癸丑にあり」とみえている。安寧天皇元年が紀元前五四八年の癸丑にあたるとの年代観はとうてい受け入れがたく、これは作為の結果とみざるをえない。しかし『日本書紀』は作為してまでも「いつ」の表示を整えた。歴史書としての体裁を整えようとしての努力なのであろう。年代表示があるのは、歴史書としては最低限の体裁であるからである。

②分註《ぶんちゅう》はやや複雑である。『日本書紀』は分註が多いのが特徴で、神代のことを記した巻第一・第二（いわゆる神代巻）においてみられる「一書」も本来は分註であった。安寧天皇についていえば、皇后はヌナソコナカツヒメ、あるいはカワツヒメ（磯城県主葉江《しきのあがたぬしはえ》の娘）、もしくはイトイヒメ（大間宿禰《おおまのすくね》の娘）というふうに、『日本書紀』は分註によって皇后や皇子について複数の伝承を併記してある。

分註のある歴史書

これは驚くべきことではなかろうか。『日本書紀』は、日嗣（帝紀）の情報さえ統一されていないのである。果たして後代に創作された机上の歴代であれば、このような事態に陥るはずがない。勅撰の権威をもって、それこそ『古事記』のようにひとつの所伝に統合すればよいからである。

ここで『日本書紀』編纂の場面を想像してみる。『日本書紀』は天武朝の編纂員任命の記事でもわかるように、唯一の執筆者がいるわけではない。いわば編纂委員会のような集団によってまとめられていった共同著作と考えるのがふさわしい。彼らの前には素材となる資料が集められていた。そのなかには、「日嗣」にあたる歴代天皇の基礎情報もあったことであろう。ところがその時点ですでに、複数の伝承が存在していた。そのような場合、編纂委員会は伝承の取捨選択をしなければならない。どの所伝を採用し国史に掲載するか。判断に迷う場面も多かったはずである。

このようなとき、分註を設ければある程度の異伝をすくい上げることが可能になる。また中国にはそのような正史があった。西晋・陳寿《ちんじゅ》の『三国志《さんごくし》』（三世紀）に対する宋・裴《はい》松之《しょうし》の『三国志注』（五世紀）がそれである。『釈日本紀《しゃくにほんぎ》』には、『日本書紀』の分註に関する問答が残っていて参考になる。

> 問ふ。此の書（=日本書紀）の注、史文を釈《と》かず、多く一書・或る説を引き載す。其の意如何《いかん》。
>
> 答ふ。師説。……此の書を撰ぶの時、尽《ことごと》く採用せずと雖《いえど》も、また棄てること能《あた》はず。仍《より》て加へ載すところなり。是れ則ち裴松之三国志注の例なり。（『釈日本紀』開題）

異聞を求めて他書を引用するのは、六朝《りくちょう》期に出現した中国の史書注釈の特色であるという。とくに裴松之の『三国志注』はこの傾向が顕著である。中国文学者の評価を引いておくと、『三国志』が『三国志演義』として文芸化される過程において、「その引用するところがいづれも雑書小記の類で、それによつて俗耳に親しみのある史実の敷衍が行はれたため」、「裴松之の注は正史通俗化の橋わたしの用をなしたもの」とされる（奥野信太郎「三国志演義を中心として」『随筆北京』平凡社東洋文庫、一九九〇年）。そして『釈日本紀』によれば、『日本書紀』はこの裴松之の『三国志注』を模倣したというのである。

実際に『日本書紀』には、裴松之の『三国志注』を引用した箇所がある（神功皇后三十九年・四十年・四十三年）。したがって『日本書紀』がまとめられたとき、編纂者が裴松之注の『三国志』をみていたことは確実である。これは模倣のモデルに関する指摘であるが、『日本書紀』の目的としては、複数あった伝承を漏らさず採録するために、分註の方式を選んだのであろう。それが「日嗣」という根本の材料にまで及んでいることからわかるように、『日本書紀』は一定の異伝も包みこみ、ゆるやかな基準によって歴史叙述に定着させたといえる。

作者のない作品

『日本書紀』は神話や伝承を採録するにしても、『古事記』のような精選が加えられたとはとうてい考えられない。編纂に関わった人物にしても、舎人親王は最終段階の監修者であって、実際の筆録者とみなすことはできない。天武天皇十年（六八一）を直接の起点としても、養老四年まで三十九年の歳月を費やし、編纂委員会とでも呼ぶべき多くの撰者が関与した結果、『日本書紀』はさまざまな素材史料が束のまま投げ出されたような、ある意味では不統一の残る書物として完成に至った。『日本書紀』の不統一を物語るものとして、いくつかの巻ごとに分類が試みられてきた。『日本書紀』の区分論として蓄積が豊かな分野である。『日本書紀』を区分する際の指標は、助辞《じょじ》・訓注《くんちゅう》・即位前紀の型式・分註の分布・漢籍の典拠、さらには天文記録などさまざまである。最近の『日本書紀』研究の最大の成果は、音韻《おんいん》の面から区分論を進展させ、『日本書紀』はふたつのグループに大別できることを論証した森博達《もりひろみち》氏の業績である。

だがしかし、そもそも分類が可能であるということ自体、『日本書紀』がひとつの書物として統一性を欠くことの証である。このような事態が起こりえた背景には、『日本書紀』編纂においてゆるやかな枠組みが許されたことがあり、その結果利用した素材史料は多くの場合、もとのままで採録された。

「日嗣」ひとつ取ってみても、殯における奏上、もしくは筆録のような段階を経ながら、分註で拾わなければならないほどの異伝が生まれている。現在の『日本書紀』とは、『日本書紀』以前に存在した記録・伝承の集成を引き受け、八世紀に至りようやく完成した最終的な姿とみるのがふさわしい。『日本書紀』が長い年月と大勢の人の手によって出来上がったとみなすならば、〈作者のない作品〉と呼ぶことができるだろう。

そのようなテキストを分析する手段としては、書物としての『日本書紀』が形成される過程に焦点を合わせて、時間幅をもってながめることが必要だと思うのである。念のためにいっておくと、さまざまな異伝を取捨して「あったであろう」記録伝承の原初の姿を求めるのではない。諸伝承が『日本書紀』によりあわされていく、その過程を「歴史書の誕生」として本書の課題とするのである。この時間幅を編纂史と呼んでおく。

なお『日本書紀』は〈作者のない作品〉と呼んだことでおわかりいただけるように、わたしは実際に『日本書紀』の筆録にあたった具体的な人物を特定することは難しいのではないかと考えている。

神話と歌謡

遣唐使の語った神話

『日本書紀』は日本最初の公的な歴史書であって、その後にも五部の勅撰史書が続く。これらは総称して六国史《りっこくし》と呼ばれる。

『日本書紀』は最初の史書であるだけに、他の歴史書とは根本的に違う点がある。その最たるものが神話について詳しく記述されていることである。『釈日本紀』開題で議論があったごとく、『日本書紀』は「帝王の事」を叙述することを主題とし、中国の典籍を模範としながら、例外として「神代の事・倭歌古語」（神話と歌謡）を扱う史書でもあった。このような特徴を一言でいうならば、『日本書紀』が起源を書いた歴史書であることに帰せられるであろう。

『日本書紀』の歴史書としての時間が始まるのは巻第三、神武天皇紀からである。それ以前の巻第一・第二は神代上・下にあてられ、神話を採録する。神話研究にはさまざまな立場がありうるけれども、ここでは歴史学との関係から、書物としての『日本書紀』の神話について述べる。

大化改新の後、白雉五年（六五四）二月に高向史玄理《たかむこのふひとくろまろ》を押使《おうし》として遣唐使が派遣された。新羅《しらぎ》道を経て無事、唐の都に入った使節は皇帝高宗《こうそう》の謁見を受け、その後は官僚から国情聴取を受けた。『日本書紀』には次のようにある。

……遂に京に到り天子に観《まみ》え奉る。是《ここ》に於て東宮監門郭丈挙《かくじょうきょ》、悉《ことごと》く日本国の地里及び国初の神名を問ふ。皆《みな》問ひに随ひて答へつ。（『日本書紀』白雉五年二月）

遣唐使は帰国時に朝廷に対して復命報告を提出するようで、『日本書紀』には斉明天皇五年七月に著名な「伊吉連博徳書《いきのむらじはかとこしょ》」が引用されており、唐人との一問一答が詳細である。白雉五年条もまた、復命報告にもとづく条文と想像される。

他方、唐の制度では「凡《およ》そ蕃客《ばんきやく》至れば、鴻臚《こうろ》其の国の山川風土を訊《たず》ね、図と為《し》て奏せよ」（唐令拾遺補　公式令補遺二）とある。外交使節がやってくると、使者に対して国情の聴取が行われた。そこでは王の世系や国の地理などが問われることが多かったらしい。東夷伝・諸蛮伝などさまざまな名称を与えられながら中国正史に掲載された周辺諸民族の記録は、遣使の場で聴取された内容がもとになっている（河内春人「『新唐書』日本伝の成立」、『東洋学報』八六―二、二〇〇四年九月）。

聴取のときに初めて来朝した外交使節に対して、中国側が自国の状況を説明することもあった。『魏書《ぎしょ》』高句麗伝によると、北魏の太武帝のときにはじめて遣使した高句麗《こうくり》王璉《れん》（長寿王）は「国諱《こくき》」を請い、その誠款《せいかん》を嘉《よみ》した太武帝は北魏の「帝系名諱」を与えたとある。王朝の歴代系譜・実名――いわば北魏の「日嗣」を下賜したというのである。国交を開く最初にあたって、宗主国の君主に関する情報が蕃国に与えられたということであろう。すくなくとも、東アジアの外交の場面に臨んだとき、両国はおのおのの国情を顧み、相手に対して語ることが必要であった。

白雉五年の遣唐使は、倭国の地理とともに「国初の神名」を問われた。そこでこのときの聴取を契機にして神代史の編纂が始まったとみる意見がある。しかし使節は問いに随って答えたのであるから、七世紀後半の倭国において、国の始まりについての神話はすでに存在していたとみるべきである。それが現在の『日本書紀』『古事記』の神話とどれほど一致し、また相違するかを確かめるすべはない。

ただ白雉五年条で明らかなことは、対外交渉の場において自国の風俗が問われ、そこで自国の起源につながる「国初の神名」が話題になっていることである。これは日本神話を日本の独自性だけで評価する見方に異論を提起する。神話のみならず歴史書についてもそうであるが、歴史記録や神話が従来から存在するにしても、対外交渉というきっかけがあってはじめて、自国の歴史と神話について関心を深め、これを収集・編纂する方向に進むのだと思われる。歴史とは国家の自覚であり、国家が他の国家との交渉によって得られた自覚が、歴史的自覚として歴史を形成する。これは和辻哲郎《わつじてつろう》の考えた歴史の起源であるが、『日本書紀』に至る歴史の編纂に歩み始めた六・七世紀の日本によくあてはまる説明だと思う。

神話の研究方法

なお対外交渉と神話の関係は、神話の中にもうかがえる。たとえば国生みの神話では、イザナキ・イザナミが生んだ国土のなかで、本州・四国・九州とともに「壱岐洲《いきのしま》・対馬洲《つしまのしま》」が入るヴァージョンがある（神代上　第四段）。これなどは明らかに九州北部と朝鮮半島との航路を意識したものであり、国生みの舞台に対外交渉において要衝となる海上の交通路が採り上げられたといえる。

ところで戦後の神話研究では、『古事記』『日本書紀』を一括して〈記紀神話〉と扱うのが主流であった。現在は個々の文献の独自性を軽視した処理として、テキストそのものを重視する文学研究の立場からは強く批判されている。それでも〈記紀神話〉すなわち日本神話とする見方は依然として根強い。〈記紀神話〉を歴史的に考察する場合、なお有効な論点だからであろう。歴史学の立場からの『日本書紀』の神話研究は、神話を歴史事実そのものとみる素朴な立場を除外すると、大別してふたつに分けられる。

ひとつは古代史書の神話は八世紀に作られた政治神話とみる立場である。この立場では、〈記紀神話〉は政治的意図にもとづいて作り出された八世紀の観念、王権のイデオロギーであり、天皇の統治起源に根拠を与えるものであって、古代の人びとの思想や社会を知る上では限定的な価値しか認めない。これは神話を利用した戦争動員に対する深い反省にもとづいている。

もうひとつは神話を宮廷祭祀と強いつながりを有する祭儀神話と理解する立場である。この立場では、神話には儀礼や祭祀に奉仕した人びと（特定の氏族）を結びつける性格を認め、〈記紀神話〉は律令制の祭礼儀式における役割のために存在すると考える。祭儀神話論の立場からは、儀礼・祭祀の研究進展とともに多くの成果がもたらされた。このふたつの立場についてながめてゆきたい。

皇室の由来を説く

まず神話に政治的な意味を見出す研究は、津田左右吉《つだそうきち》（一八七三―一九六一）に出発点がある。津田の主張は晦渋《かいじゅう》な文章で書かれ、多岐にわたる問題を扱うが、神話についての結論はこうである。神代史《じんだいし》――『日本書紀』『古事記』に記された神話は、「皇祖を日の神とするといふ思想を中心として、皇室の由来を説いたものである」（『日本古典の研究』上　五八七ページ）。そして『日本書紀』『古事記』から皇室の起源を考えるのは不可能であり、神代の物語は歴史的事実ではなく、物語作者の構想として解釈する他ないと述べた。

注意しておきたいのは、津田左右吉は日本古代史の研究が目的ではなく、『日本書紀』『古事記』という書物の研究に徹したものであり、神代史とは「述作」「潤色」が加わって作為された産物であると理解した点である（なお津田左右吉はこのような神代史ができたのは六世紀と考えたが、津田の立場を継承する古代史研究者はさらに時代を引き下げ、『日本書紀』『古事記』が成立する八世紀に神話が作為されたと考えている）。

津田左右吉の記紀研究は戦時中に問題視され、出版法の「皇室の尊厳冒瀆罪」により起訴された。「津田事件」と呼ばれ学問の自由が犯された言論弾圧として著名であるが、ただ津田の学説のみが特殊であったわけではない。津田の『神代史の新しい研究』には、恩師の白鳥庫吉《しらとりくらきち》が序文を寄せ、神代史について互いに意見を述べ合い、「ふたりの見解には尠《すく》なからぬ相違があつて、其の信ずる所が互に固く、到底調和の見込の立たない」ながらも、「神代史が我が皇室の由来を説明する為めに作られた政治的の意義を含んだものであるといふことは、当初から一致してゐた意見であつた」と述べている。

図４　津田左右吉（左）と白鳥庫吉（右）
（『白鳥庫吉全集４』口絵，岩波書店）

東洋史からの神話研究

白鳥庫吉（一八六五―一九四二）は東京帝国大学教授、学習院教授として戦前を代表する東洋史学者であり、津田左右吉もまた東洋思想で多くの業績がある（図４）。神代史に取り組んだ白鳥・津田の二人が日本史ではなく東洋史の出身である点には留意しておくべきだろう。

津田事件の公判において証人になった和辻哲郎は次のように語っている。

津田サンハ実ハ東洋史ノ方ノ畑ノ方デアリマシテ、東洋史ノ方ノ学者達ノ間ニハ非常ニ私ハ評判ガ良イト思ウテ居リマス。……詰マリ日本ノ東洋史ハ今学問ニナッテ居リマスガ、ソレニ対シテ国史学ノ方ハ非常ニ遅レテ居ルノデアリマス。サウ云フ点デ東洋史学ノ畑カラ出ラレタ方ハ、其ノ非常ニ進ンダ方法デ以テ国史ノ方ノ材料ヲ扱ハレルト云フコトニナリマスト、色々ナ点デ国史ノ学者ノ方カラ嫉妬ト申シマスカ、何カサウ云フモノガ起リ得ル危険ガアルノデアリマス。(『現代史資料42　思想統制』「津田裁判公判速記録」九四一ページ)

和辻は学問領域の違いを敏感に指摘し、史料の扱いの点で「非常ニ進ンダ方法」を採る東洋史と日本史との違いを述べている。はたして和辻のいったような「国史学」の側からの嫉視が津田事件の背景にあるのかは定かではないが、白鳥・津田らが東洋史から出発して神代史に関心を注いだことは事実であり、かえって東洋史からのアプローチの方が『日本書紀』『古事記』を「神典」と特殊視することなく客観的な判断ができたのであろう。

ただし、当時の国文学でも神話に対する理解は大きな隔たりはない。倉野憲司《くらのけんじ》『日本神話』(河出書房、一九三八年)では、海外の神話と比較して日本神話には自然現象や文化の発祥を説く要素が乏しく、それは「わが神話体系が、皇室中心の国家的精神を以つて統一整序されてゐる」からだと断言している。津田とは言い回しが異なるものの、倉野の議論でも、やはり神話は「統一整序されてゐる」もの――作為が加えられており、民間でいい伝えられたもの、あるいは歴史的事実が神々の話として投影されているといった見方が単純には成り立たないことを示唆する。

天孫降臨

『日本書紀』における神話の本質は、皇室と皇室の統治起源を説く政治的な意図にあるといってよい。だからこそ史書の冒頭二巻分を割いて神代史が設けられているのである。その意図を直截にあらわしているのが神代下の天孫降臨《てんそんこうりん》（第九段）、わけても天皇の統治起源を語ったものとされる「天壌無窮の神勅」（第一の一書）である。

一書に曰く、……故《かれ》、天照大神《あまてらすおおみかみ》、乃《すなわ》ち天津彦彦火瓊瓊杵尊《あまつひこひこほのににぎ》に八坂瓊曲玉《やさかにのまがたま》及び八咫《やたの》鏡《かがみ》・草薙剣《くさなぎのつるぎ》の三種の宝物を賜ふ。また中臣《なかとみ》の上祖《とおつおや》天児屋命《あめのこやね》、忌部《いみべ》の上祖太玉命《ふとたま》、猿女《さるめ》の上祖天鈿女命《あめのうずめ》、鏡作《かがみつくり》の上祖石凝姥命《いしこりどめ》、玉作《たまつくり》の上祖玉屋命《たまのや》、凡そ五部の神《いつのとものお》を以て配侍せしむ。因りて皇孫《すめみま》に勅して曰《のたま》はく「葦原《あしはら》の千五百秋《ちいほあき》の瑞穂国《みずほのくに》は、是れ吾《あ》が子孫《うみのこ》の王《きみ》たる可きの地なり。爾《なんじ》皇孫、就《ゆ》きて治《しら》せ。行きませ。宝祚《ほうそ》の隆《さか》えまさむ

ことまさに天壌《あめつち》と窮《きわま》り無けむ」とのたまふ。（『日本書紀』神代下　第九段　一書第二）

『日本書紀』本書における天孫降臨のあらすじはこうである。皇祖神アマテラスオホミカミの子、アマノオシホミミはタカミムスビの娘を娶りホノニニギが生まれる。そこでタカミムスビはアマテラスの孫にあたるホノニニギを立て、葦原中国《あしはらのなかつくに》の君主にしようとする。やがて天孫のために中国の平定が行われると、タカミムスビは真床追衾《まとこおうふすま》（神聖な寝具）でホニニニギを包み、高千穂《たかちほ》の峯に降臨させるのである。

天孫降臨について『日本書紀』巻第二（神代下）は多くの異伝を載せ、本書に対し八件の一書が引用されている。天孫降臨神話の形成過程に関しては、三品彰英《みしなしようえい》（一九〇二―七二）の分析が卓越している。三品は朝鮮半島の事例とも比較しながら、天孫降臨の神話を構成する要素を分析し、稲の精霊であるホノニニギが真床覆衾《まとこおうふすま》に包まれて降るのがいちばん古い形であるとみた。それがタカミムスビ、さらには皇祖神アマテラスより国土統治の命を受け、多くの供を従えて降臨する話に発展してゆくのである。天孫降臨段の第一の一書は「天壌無窮の神勅」という政治的な意義を加え、最も変遷したヴァージョンとなる。

神話の変遷

ちなみに三品は、神話が文献に定着するまでには変遷があり、何枚もの写真を重ね焼きしてできあがったモンタージュ写真のようなものと喩えた

（『神話と考古学の間』六ページ）。民族学の方法も駆使して広い視野から戦後の神話研究をリードした三品の問題の立て方は、歴史学の立場から神話研究を進めるうえにおいて、継承すべき大切な視点であると思う。

さて天孫降臨段の第一の一書では、降臨する皇孫ホノニニギに対して皇祖アマテラスが三種の宝物を与えて五部の神をつけ、「皇孫の寿命・御世は、天や地と同じように決して尽きることはない」との祝福の言葉をかけた。これが皇孫とその後裔、すなわち天皇の統治起源を最も端的に語った神話なのであり、「天壌無窮の神勅」として戦時中は特別視されてきたのである（図5）。

図5　「天壌無窮」碑（白鶴美術館）

ただ面白いことに、「天壌無窮の神勅」は『日本書紀』の本書にはなく、天孫降臨のくだり（神代下　第九段）に引用された「一書」、つまりは異伝として処理されている。降臨を指令するのがタカミムスビなのか（本書）、アマテラスなのか（一書第一）といった違いもある。

また皇孫ホノニニギに配された五部の神は、中臣・忌部・猿女・鏡作・玉作のように実在する古代氏族の祖とされていることが特徴である。たしかに『日本書紀』での神話の主旋律は皇室の起源を語ることにある。作為もあるであろう。しかし作為された政治神話が天皇の側の一方的で強制的なものであったならば、神話が定着することはありえない。神話が『日本書紀』という書物に記された事実は、このような政治神話が八世紀の宮廷社会において受け入れられていたとみなされる。この点を無視して『日本書紀』の神話が八世紀に述作されたことを主張しても、神話の成り立ちや役割を解明するには程遠いように思われる。

神代史は天皇と天皇の統治起源を語りながら、それを取り囲む古代氏族それぞれの起源をも語ったものとして機能するのである。降臨に従った五部の神を祖とあおぐそれぞれの氏族がおり、『日本書紀』はそのことを注記した。神話と氏族の利害関係は『日本書紀』『古事記』の神話を理解するうえで鍵となる（榎村寛之「八世紀の王権と神話」『キリスト教文化研究所研究年報　民族と宗教』三七、二〇〇三年三月）。

諸氏族と神話の密接な関係は、神話に宮廷祭祀の型を認める祭儀神話論においても考えておく必要がある。次に祭儀神話の考えに移ろう。

神話は特定の時期・個人によって一気呵成に述作されたわけはなく、さまざまな伝承が重層して形成されている。その複雑さは、『日本書紀』であれば本書と一書が併存することでも明らかである。したがってひとつの神話であっても視点を変えると違った解釈が可能である。同じ歴史学の神話研究でもいくつかの方法があるのはそのためである。

天石窟

神話が生まれた場として祭儀を重視し、神話の構造と宮廷祭祀の関係を説くのが祭儀神話論である。天孫降臨であれば、稲穂を象徴するホノニニギが降臨するさまは新嘗祭など稲作の儀礼と結びつけて解釈される。八世紀に行われていた宮廷における祭祀は『日本書紀』の神話と関係を持つとの見方は、戦後の歴史学では大きな成果を挙げてきた。一例としてよく知られた天石窟《あめのいわや》の神話を挙げて説明しよう。

是《こ》の後、素戔嗚《すさのお》尊の為行《しわざ》、甚だ無状《あずきな》し。……是の時、天照大神驚《おどろ》き、梭《ひ》を以て身を傷ましめたまふ。此れにより慍《いか》りを発し、乃《すなわ》ち天石窟《あめのいわや》に入り、磐戸《いわと》を閉《さ》して幽居《こもりま》す。故、六合《くに》の内常闇《とこやみ》にして、昼夜の相代はるを知らず。時に八十万《やそよろず》神、天の安河《やすかわ》の辺に会合し、其の禱《いの》るべきの方《すべ》を計る。

……而して中臣連の遠祖天《あめの》児屋《こやね》命・忌部の遠祖太玉《ふとたま》命、天香山《あめのかぐやま》の五百箇《いおつ》真坂樹《まさかき》を掘り、上枝に八坂瓊《やさかに》の五百箇の御統《みすまる》を懸け、中枝に八咫鏡《やたのかがみ》を懸け、下枝に青和幣《あおにきて》・白《しろ》和幣《にきて》を懸け、相与《とも》に祈禱を致す。また猿女君《さるめのきみ》の遠祖天鈿女命《あめのうずめ》、則ち手に茅纏《ちまき》の矟《ほこ》を持ち、天石窟戸の前に立ち、巧《たくみ》に俳優《わざおき》をなす。また天香山の真坂樹を以て鬘《かずら》とし、蘿《ひかげ》を以て手繦《たすき》として、火処《ほところ》を焼き、覆槽《うけ》を置き、顕神明之憑談《かむがかり》す……。

(『日本書紀』神代上　第七段　本書。分註は省略した)

弟スサノヲの乱暴な行いに驚き、身を怪我したアマテラスオホミカミは、天石窟に閉じこもる。そのため世界は常闇になり昼夜の別もわからなくなってしまった。そのとき八百万の神は相談をし、サカキを立てて鏡などを懸け、アメノウズメに神がかりに躍らせた。以下、アマテラスが磐戸から引き出されるのは周知のとおりである(図6)。

さてこの興味深い神話は、太陽の復活を意味するとの解釈が著名で、さかのぼると江戸時代の儒学者・荻生徂徠《おぎゅうそらい》が「日の神の天磐戸にこもりたまひしといふは、日食の事なり」と書いていた(『南留別志《なるべし》』)。日食なら天文計算による年代特定が可能なため、天文学者により岩戸隠れの皆既日食探しが試みられてきた。アマテラスと卑弥呼を関連づけ、西暦一五八年、二四八年、四五四年の皆既日食などが候補に挙げられている。天文計算という科学的な方法と神話を歴史的事実とみる素朴な考えが共存しているのが特徴である。

図6　天照大御神（国史絵画，神宮徴古館農業館蔵）

いま『日本書紀』という文献のなかから神話の意味を探るならば、登場する神々に古代氏族の遠祖であるとの注記が手がかりとなるだろう。アメノコヤネ（中臣氏）・フトダマ（忌部氏）・アメノウズメ（猿女氏）である。これらの氏族と天石窟の神話には特殊な関係があるとみなすことができる。それは何か。有力なのは松前健《まつまえたけし》（一九二二―二〇〇二）によって称えられた鎮魂祭《ちんこんさい》の祭儀が神話として反映されているとみる説である。

鎮魂祭への注目

松前は民俗学・人類学を取り入れた神話研究を進め、歴史学の視点を加えることによって多くの業績を残した神話学者である。自分の研究については「神話伝承と祭祀儀礼との歴史的発達の過程を再構成しようとした」と語っていて（松前健「神話の研究法について」）、神話が特定の氏族や神社の縁起に結びつく過程の解明に力を注いだ。祭儀と神話の関係を具体的に究明した諸論考は、松前自身の計画で刊行された著作集の第六巻『王権祭式論』（おうふう、一九九八年）としてまとめられ、天石窟の祭儀史的背景を論じた「鎮魂祭の原像と形成」も、この巻に収録されている。

松前健が注目した鎮魂祭とは、毎年旧暦十一月の新嘗祭前夜に行われた宮廷の恒例祭祀で、天皇の魂が遊離しないように肉体に鎮める祭りである。平安初期にまとめられた『儀《ぎ》式《しき》』巻第五「鎮魂祭儀」から確認すると、祭儀の中心は次のようなものであったらしい。祭儀の場所は宮内省《くないしょう》である。ここに宮中に祀られた八神の座が設けられ、時刻になると神祇伯《じんぎはく》らが関係の官人を率いて参入する。神宝が安置され神饌が献じられた後、縫殿寮《ぬいどのりょう》は猿女を率いて参入、内侍《ないし》（高級女官）は御衣匣《おんぞのはこ》（天皇の衣を納めた箱）を捧げて座に着く。神祇伯が琴・笛の演奏を命じ歌舞が行われてから、御巫《みかんなぎ》（巫女）が宇気槽《うけふね》の上に乗って桙《ほこ》で槽を撞《つ》く。これが十回くりかえされるごとに神祇伯が木綿鬘《ゆうかずら》を結んだ。玉の緒である。このときに内侍は御衣匣を振動させ、また御巫・猿女の舞が行われた。

魂結びや御衣の振動など、祭儀の呪術的な面に目がゆくが、御巫が宇気槽を撞く所作に注意したい。天石窟の神話でアメノウズメが「手に茅纏の矟を持ち」、「覆槽《うけ》を置」いて神がかりしたとある。しかもアメノウズメは鎮魂祭に奉仕することが規定されている猿女君の遠祖なのである。平安初期の『古語拾遺』に「鎮魂の儀は天鈿女命の遺跡なり。然れば、御巫の職は旧氏を任ずべし」とあるように、鎮魂祭はアメノイワヤの神話に起源すると考えられていたのであろう。アメノウズメ（猿女氏）とともに神話で登場し、祈禱したのは神祇祭祀を職務とした中臣・忌部の遠祖である。持統天皇五年（六九一）八月、『日本書紀』編纂時に材料として、十八の氏族から記録を提出させていることも思い出してほしい。

神話のなかには地位と職掌によって朝廷に仕えた〈古代氏族の伝承〉が刻み込まれている。また神話に起源を持つ来歴がその氏族にとって朝廷での地位につながるのである。

氏族たちにとって王権の神話とは、自分たちの地位を保証する根拠のようなものといえるだろう。一方的に王権の側から強制された神話ではなく、天皇と諸氏族の結託した点に『日本書紀』の神話がある。

伝承の場

なお天石窟の神話については天武朝の反映とみる見解もある。『日本書紀』では朱鳥元年（六八六）正月に「是の日、御窟殿《みむろどの》の前に御し、倡優《わざひと》らに禄《ろく》賜ふこと差有り。また歌人らに袍袴《きぬはかま》を賜ふ」との記事があり、飛鳥浄御原宮には「御窟殿」という施設があった。天武天皇はここで俳優（こっけいな動作をして神・人を楽しませる）・歌舞を鑑賞したようである。この記事について江戸時代の学者・谷川士清《たにがわことすが》は「按ずるに御窟院は、蓋《けだ》し天石窟の遺象」とのコメントを残している。神話の再演なのだというのである。

以上のように、神話に宮廷祭祀の原型を見出す考え方が祭儀神話論である。祭儀神話論は神話を宮廷祭祀との関係から論及したことにより、王権と祭祀の問題を掘り下げることに成功し、『日本書紀』に神話が記された意味を歴史学の立場から考える足がかりを得たといえる。

ところで『日本書紀』が利用した材料として、坂本太郎が整理した八種類の素材史料を紹介した。それに追加するものとして、祭儀神話論との関わりで神社の縁起とでもいうべき創祀伝承を含めるべきである。

『日本書紀』が分註において引用する異伝は、神代上下に集中する。しかし巻第三以後においても、たとえばツヌガアラシトの渡来（垂仁天皇二年是年）・アメノヒボコの渡来（垂仁天皇三年三月）・ヤマトヒメのアマテラス奉祀（垂仁天皇二十五年三月）、オキナガタラシヒメの新羅征討（神功皇后摂政前紀）などは、「一云」として長文の異説が掲出されている。これらはそれぞれ難波と豊後の比売古曽《ひめごそ》神社・但馬の出石《いずし》神社・伊勢の神宮・筑紫の橿日宮《かしいのみや》といった神社の鎮座・創祀と結びついた伝承、「准・神話」とみなすことができる。だからこそ『日本書紀』において伝承の複数性が保証され、分註によって異説が掲出されている（神社の創祀伝承については、久禮旦雄氏からの示教を得た）。

このような考えは、〈伝承の場〉（Sitz im Leben）として神社を重視するものである。神話の幅を広げて創祀伝承を位置づけることは、松前健・岡田精司《おかだせいし》氏らが牽引した研究が示唆するように、『日本書紀』の神話を理解するために必要な方法論である。

神話だけではない。『釈日本紀』の問答にあった「倭歌古語」、すなわち『日本書紀』が採録する歌謡についても特定の祭祀・儀礼との関係から考察することが有効である。

久米歌

歌謡は宮廷儀礼と密接なつながりを持ち、その起源が往々にして『日本書紀』という歴史叙述の中で語られる。歌は歴史の中に生け込まれるかたちで記録された。したがって歌謡の研究は、生け込まれた歌を元の状態に戻すこと、あるいは採録された散文のなかで意味を探ること、このふたつの方向が有りうる。ながらく古代歌謡の研究は、歌を歴史叙述の枠から解放し、民謡に還元して分析するのが主流であった（益田勝美『記紀歌謡』など）。現在では、まず歌謡を歴史叙述の中で解釈する傾向が強まっているように思う（大久間喜一郎・居駒永幸編『日本書紀〔歌〕全注釈』など）。

歌謡が特異であるのは、基本的には漢語漢文で叙述された『日本書紀』の原則とは異なり、音仮名で表記されていることである。神武東征伝承にみえる来目歌《くめうた》の一首を例に挙げておこう（歌謡のみ原文も掲出）。

〔日本書紀〕神武天皇即位前紀　戊午年　紀歌謡13・14

天皇銜《ふふ》みて、常に憤懟《いきどおりうらみ》を懐きたまふ。此の役に至り、意に窮誅《きわめころ》さむと欲す。乃《すなわ》ち

御謡《みうたよみ》して曰はく、

瀰都瀰都志《みつみつし》　倶梅能故邏餓《くめのこらが》　介耆茂等珥《かきもとに》　阿波赴珥破《あわふには》　介瀰羅毘苔茂苔《かみらひともと》
曽迺餓毛苔《そねがもと》　曽禰梅屠那芸弖《そねめつなぎて》　于笞弖之夜莽務《うちてしやまむ》
（みつみつし　来目の子らが　垣本に　粟生には　カミラ一本
そ根が本　そね芽つなぎて　撃ちてし止まむ）

とのたまふ。また謡して曰はく、

瀰都瀰都志《みつみつし》　倶梅能故邏餓《くめのこらが》　介耆茂等珥《かきもとに》　宇恵志破餌介瀰《うえしはじかみ》　句致弭比倶《くちびひく》
和例破涴輸例儒《われはわすれず》　于智弖之夜莽務《うちてしやまむ》
（みつみつし　来目の子らが　垣本に　植ゑしハジカミ　口びひく
我は忘れず　撃ちてし止まむ）

とのたまふ。因りて復《ま》た兵を縦《はな》ちて急に攻む。凡《すべ》て諸《もろもろ》の御謡《みうた》を来目歌《くめうた》と謂《い》ふ。此れは歌へる者を的取《さ》して名づくなり。

難しい仮名表示は『日本書紀』の音韻研究で手がかりとなるのだが、歌謡に限ってわざわざ一字一音の仮名で表記する背景には、これらが歌われることを前提にしていたからであろう。「撃ちてし止まむ」の反復《リフレイン》とともに舞われた情景も考えられる。

とはいえ紀歌謡全般にいえることとして、音仮名に瀰・邏・涴のような難しい漢字をわざわざ選び、史書として読まれたときに荘重な印象を与えるよう意識していたことも忘れてはならない。歌謡は歌の場を離れ、歴史書のなかに組み込まれている。

採録された歌謡

軍事集団である来目部が伝承した来目歌の他にも、「今、夷曲《ひなぶり》と号《なづ》く」（紀歌謡3）・「挙歌《あげうた》と曰ふ」（紀歌謡6）・「思邦歌《くにしのびうた》と謂ふ」（紀歌謡23）などと歌の名称を注記するものがある。また「今、楽府《がふ》、此の歌を奏するは、猶手量《たはかり》の大小、及び音声の巨細と有り」（来目歌《くめうた》　紀歌謡7）などと身振り・発声までを記し、現在演奏されるときの所作は「此は古《いにしえ》の遺式なり」（紀歌謡7）・「蓋《けだ》し上古の遺則なり」（国《く》栖《ず》奏《そう》　紀歌謡39）と解説されている。来目歌は神武天皇の東征、国栖奏は応神天皇の吉野行幸にかけて記され、『日本書紀』は歌謡がそれらの伝説に起源を持つと説くのである。

何より注意されるのは、来目歌や国栖奏は天皇の即位儀礼である大嘗祭《だいじょうさい》において奏されることである（『儀式』践祚大嘗祭儀中・下、『延喜式』践祚大嘗祭）。これら舞と歌唱が一体となった歌謡は、宮廷儀礼において上演されるものであり、大嘗祭という祭儀の場があるため『日本書紀』には歌謡の起源が歌物語のかたちで書きとめられている（図7）。歌物語はおそらくは天武天皇十年に記定が命じられた「上古諸事」（『古事記』序文でいう

図７　久米歌（『昭和大礼写真帖』）

「旧辞」）を素材とし、八世紀に編纂事業で採録されたのであろう。天武天皇四年二月には、大倭以下十三ヶ国に勅して、「能く歌ふ男女及び侏儒《しゅじゅ》・伎人《ぎじん》」を貢上させてもいる。だからといって歌謡が八世紀に創作されたとするのは当たらない。歌謡を含む歌物語の背後に、歌垣など民間の習俗を指摘した研究が参照される（土橋寛『古代歌謡と儀礼の研究』など）。

六国史のうち『日本書紀』において歌謡の採録が多いのは、『日本書紀』が系統的に神話を扱った唯一の史書であることと同様、やはり祭儀の起源を記録する意図にもとづくのである。

紀年と暦法

紀年を有する『日本書紀』の特徴として、天皇の即位の年の干支を太《たい》歳《さい》によって表示することにふれた。次はこの点をもう少し掘り下げて考えてみたい。『日本書紀』の紀年と暦日とについてである。

太歳と神武紀元

暦はカレンダー、紀年とは年を紀《しる》すこと、つまり歴史を書くうえで最初に必要な年代を定めて「いつのことか」を明らかにすることである。年代を表示する歴史にとって根幹となる部分が、神秘思想によって裏づけられ、年代の延長が行われたことを確認しておきたい。

『日本書紀』で用いられた太歳とは、古代中国の天文学・暦学において木星（歳星）の対称に存在すると考えられた架空の天体である。約十二年で天球を一周する木星の鏡像として太歳が考えだされ、この太歳の所在によってその年の干支が決まる。

『日本書紀』が天皇の即位年に「太歳〇〇」と記す理由の第一は、干支の表示により年代記の体裁を整えることにあった。『日本書紀』における最初の太歳表示は、神武天皇即位前紀にあらわれる。

……天祖降跡より以逮《このかた》、今に一百七十九万二千四百七十余歳なり。而《しか》して遼邈《りょうばく》の地、なほ未だ王沢《おうたく》に霑《うるお》はず。……是年、太歳甲寅。

……辛酉の年春正月庚辰朔、天皇、橿原宮《かしはらのみや》に於いて帝位に即く。是歳を天皇の元年と為し、正妃を尊びて皇后と為す。（『日本書紀』神武天皇即位前紀・元年正月）

この記事はいわゆる神武紀元のもとになるもので、『日本書紀』において神話の世界と歴史の時間をつなぐ結び目として存在する。九州にあったイワレヒコ（神武天皇）がヤマトへの東征を始めた甲寅の年は紀元前六六七年、大和に入って即位した辛酉の年は紀元前六六〇年に該当する。

古代国家が歴史を書き始めるとき、その最初をどこから始めるかは難問であったに違いない。冒頭に神代を設定するアイディアはどこに由来するのであろうか。

『漢書』などの中国の正史であれば、王朝ごとに時代が区切られている（断代史）。したがって正史は王朝の創業者から書き起こせばよかった。

歴史の始まり

この点は日本で最初の史書をまとめる際には模範とすることができない。それよりも司馬遷の『史記』であれば、伝説の帝王である「五帝本紀《ごていほんぎ》」があり、さらに唐・司馬貞が「三《さん》皇本紀《こうほんぎ》」を付け加えたヴァージョンの『史記』で神話から歴史への流れを記述する史書のスタイルになじんでいたことだろう。あるいは西晋・皇甫謐《こうほひつ》『帝王世紀《ていおうせいき》』なども参照されたかもしれない。『帝王世紀』は『隋書《ずいしょ》』経籍志《けいせきし》では史部の「雑史」に配され「三皇に起し漢魏に尽く」とあるように、神話から最近世までを対象とした通史であった。『日本書紀』が漢籍の字句を参照した類書、唐・欧陽詢《おうようじゅん》『芸文類聚《げいもんるいじゅう》』では、「帝王部」の伝説の帝王を挙げる箇所でしばしば『帝王世紀』を引いている。

さて神武紀をもういちどみると、神代巻の最後にある天孫降臨――アマテラスオホミカミの子孫（皇孫）が地上に降り立ってから一七九万二四七〇年を経て、日向にあった日の神の子孫たちが大和への東征を開始したとする。その年の干支が甲寅、東征が成就し橿原宮で初代天皇として即位したのが辛酉の年であるというのである。ここから天皇の時間が刻み始められた。

現在では紀元前六六〇年の神武天皇即位を歴史的事実としてそのまま認める研究者はいない。それは江戸時代以来の『日本書紀』に関する紀年論の蓄積にもとづき、神武紀元は『日本書紀』という書物のなかで表現された年代観であることが明らかにされているからである。

『日本書紀』の紀年論に取り組んで現在の通説を確立したのは、明治時代の東洋学者、那珂通世《なかみちよ》（一八五一―一九〇八）である（図8）。

那珂は二十八歳のときに発表した論文「上古年代考」において、神武天皇の即位が紀元前六六〇年に設定されている理由の解明に取り組み、その根拠を明示した。紀年論の反響は大きく、多くの学者が論争に参加し、この議論を通じて明治期の日本古代史の枠組みが形成されていった（田中聡「「上古」の確定―紀年論争をめぐって―」『江戸の思想』八、一九九八年六月）。

『日本書紀』の紀年論において不朽の意味を持つ「上古年代考」は、のちに「上世年紀

図8　那珂通世
（お茶の水女子大学蔵）

考」として改められ、三品彰英によって増補・出版された。次に引くのが神武紀元に関する那珂通世の結論である。

『日本紀』ニ記シタル上代ノ年月ハ、後世ノ逆推ニ出デタルコトハ前章ニ述ベタルガ如シ。カクテ神武天皇ノ即位元年ヲ、推古天皇以前一千二百余年ノ辛酉ノ歳ニ置ケルハ、元来事実ニモ言伝ヘニモ基キタルニ非《あら》ズ、辛酉革命ト云ヘル讖緯《しんい》家ノ説ニ拠リタル者ナリ。（『上世年紀考』辛酉革命ノ事）

那珂は『日本書紀』の紀年が一種の神秘思想に根拠を持ち、神武紀元の起点を推古朝にあったと考えた。後漢のときに盛んになった「讖緯説」（古代中国の神秘思想）では、辛酉の年には大変革（辛酉革命《しんゆうかくめい》）が起きると考えられていた。

辛酉革命説

辛酉の年は六十年に一度廻ってくるが、なぜ推古朝から一二六〇年前の辛酉の年かといえば、後漢の鄭玄《じょうげん》が儒教経典の解釈に「讖緯説」を持ち込み、『易緯《えきい》』の注のなかで干支が一周する六十年を一元《げん》、二十一元を一部《ぼう》として特別な意味を持たせたからである。これで一二六〇年が算出される。推古天皇九年辛酉（六〇一）からさかのぼること一部二十一元ぴったりの紀元前六六〇年、この年を初代天皇即位の年に設定したというのである。

推古天皇二十八年（六二〇）には、聖徳太子と蘇我馬子によって「天皇記」「国記」がまとめ始められたと『日本書紀』にあった。この編纂事業のなかで初代天皇の即位年を設定したのならば、同じ推古朝の辛酉年が逆算の起点とみなしうる。しかし平安時代の三善《みよしの》清行《きよゆき》「革命勘文《かくめいかんもん》」が主張した斉明天皇七年辛酉（六六一）が逆算の起点とみる意見もあり、その場合は初代天皇の即位年は天武朝の編纂事業において確定したことになる。この問題はなお考究が必要である。

また推古天皇十年（六〇二）十月には、百済の僧観勒《かんろく》が暦本をもたらし、陽胡史《やこのふひと》の祖である玉陳《たまふる》が観勒について暦法を学んだともある。

歴史書・暦法の起源が推古朝にある可能性は高い。暦の製作には天体観測が不可欠で、日本最初の観測にもとづく日食の記録が『日本書紀』の推古天皇三十六年三月（ユリウス暦六二八年四月十日）にあることなど、あるいはこうした暦の普及と関連するかもしれない。ちなみに東洋では時間の支配を「授時《じゅじ》」（『書経』堯典）という言葉であらわし、天文観測を行って暦を作成・頒布するのは天子の特権であると考えてきた。そのため歴史書には天文現象が掲載され、現在ではそれらの記録が天文学における検証材料となっている。古天文学と呼ばれる研究分野である。

暦日の研究

『日本書紀』の暦日についても、江戸時代以来研究が重ねられてきた。特筆すべきなのは渋川春海《しぶかわはるみ》（一六三九―一七一五）である。春海は平安時代以来使ってきた暦を最新の計算・観測によって進歩させ、日本独自の暦を発案して江戸幕府に勧め、貞享の改暦を達成したことで銘記される天文学・暦学者である。

この渋川春海は改暦の準備として日本の過去の暦日・日食についても研究を深め、それが当然『日本書紀』にも及んだ。『日本書紀暦考』がその著作である。春海によると、『日本書紀』の暦日のうち最も古い時代は該当する暦法がない。そこで日本のたいへん古い時代は、未知の暦法が行われていたと結論づけた。

渋川春海は幕府に出仕した碁打ちであり、暦学の研究者であるだけではなく、山崎闇斎《やまざきあんさい》流の神道家である側面を持っていた。たとえば春海の諱は都翁《つっち》、彼が起こした神道を霊社号にちなんで土守《つもり》神道と称している。春海の天文・暦学を集大成した『天文瓊統《てんもんけいとう》』には、太陽の公転に言及して冬至・夏至・春分秋分を底筒男《そこつつのお》・表筒男《うわつつのお》・中筒男《なかつつのお》にたとえた箇所があり、航海の守護神でオリオン座の三ツ星ともされる住吉三神を重視し、『日本書紀』の世界に没入していたことがわかる。したがって太古の暦日を想定する結論は、日本の独自性を重視する垂加神道《すいかしんとう》の考え方に適《かな》うのである。春海に暦学を学んだ谷秦山《たにじんざん》は「人皇の暦、神武天皇の勅作なり」（『秦山集』巻三十五　壬癸録三）と主張している。

しかしどうもおかしい。『日本書紀』の古いところの暦法は拠るべきものがあるのではないかと考えたのが、東京天文台に勤めていた天文学者・小川清彦《おがわきよひこ》（一八八二―一九五〇）である。そして小川が『日本書紀』に記載のある朔と閏月を計算して達した結論は、垂仁天皇二十三年十月乙丑朔・履中天皇五年九月乙酉朔・欽明天皇三十一年四月甲申朔の三箇所の月で閏の字が脱落したと想定すれば儀鳳暦《ぎほうれき》に合致する。つまり『日本書紀』の暦日は、神武天皇以後五世紀までは持統朝から導入された儀鳳暦、その後の暦日は飛鳥時代に使われていた元嘉暦《げんかれき》に拠ると結論するもので、『日本書紀』編纂時点で最新の暦法を用い「不明な古代の暦日の推算を試みた」というのである。

これはたいへん衝撃的な結論で、『日本書紀』の信憑性を揺るがす指摘であるために、戦争中に公表が差し止められるほどの内容であった。

ふたつの暦法

ここでふたつの暦法について、簡単にふれておく。元嘉暦とは、宋・何《か》承天《しょうてん》が四四三年に作成した暦法で、百済《くだら》が元嘉暦を用いていたと記されている（『隋書』東夷伝　百済）。これに対して儀鳳暦は、唐・李淳風《りじゅんぷう》が六六五年に作った麟徳暦《りんとくれき》とされ、儀鳳年間（六七六―六七九）に新羅《しらぎ》を介して日本へ伝わったとされる暦

図9　具注暦木簡（奈良文化財研究所提供）

法である。日本においてふたつの暦法が切り替わるのは七世紀、持統天皇四年（六九〇）十一月に勅によって元嘉暦に加え儀鳳暦の併用が命じられた。

『日本書紀』によると、日本での暦の使用は六世紀にさかのぼる。百済から暦博士が渡来し（欽明天皇十五年〈五五四〉）、百済僧から暦法を学んだとある（推古天皇十年〈六〇二〉）。この時期で用いられていたのは元嘉暦である。二〇〇三年に飛鳥の石神遺跡から出土した具注暦の木簡は、暦日の検討によって持統天皇三年の具注暦を記したものであることが判明している（竹内亮「木に記された暦」、『木簡研究』二六、二〇〇四年十一月）。（図9）

以上のような暦法の変遷と小川清彦が提示した『日本書紀』の暦法とでは、大きな齟齬《そご》があることをおわかりいただけるだろうか。小川の結論のように『日本書紀』の古い部分が七世紀末から用いられた新しい暦法（儀鳳暦）で年代が組まれ、それ以後の巻は六世紀に使用されていた一段階前の暦法（元嘉暦）に拠っているとすれば、ある段階で『日本書紀』の記事を儀鳳暦による暦日に懸けて架上したことになる。戦時中には神典とも仰がれた『日本書紀』の紀年、ひいては『日本書紀』の信憑性そのものがおおきく揺らいでしまう。『日本書紀』に信頼を置く人たちにとって衝撃に値する新見解であったのである。

しかも小川清彦によれば、元嘉暦と儀鳳暦の境目は雄略天皇にあたるという。『日本書紀』の区分論においても、巻十三（允恭・安康紀）と巻十四（雄略紀）の間に線が引かれる。なにより雄略天皇は中国に使いを派遣した倭王の武にあたることが確実で、古代史ではこの天皇の実在を疑う研究者はいないばかりか、雄略朝は期を画した重要な時代と考えられるようになってきた。『日本書紀』に記されたワカタケルの諱《いみな》を刻んだ鉄の刀が、埼玉県の稲荷山古墳から出たことにより、日本の古代史研究は大きく進展したことはいうまでもない。その雄略天皇が元嘉暦という飛鳥時代に実際に使用されていた暦に基づく『日本書紀』暦日の起点であるというのは、多くの人を納得させる結論なのである。

小川清彦はもちろん、こうした古代史の研究の側からアプローチしたのではなく、純粋に天文学・暦学の分野における研究でこの結論に達した。その研究は今後も『日本書紀』を考えるときに参照されるべき業績である。

東アジアの動向と『日本書紀』

倭王と高句麗・百済

神功皇后紀の太歳

さてここからは、実際に『日本書紀』から倭国（日本）と東アジアとの交渉の記録を読み解いてみたい。

『日本書紀』には対外交渉に関する記事が豊富なことは、『古事記』など他の史書と比べると大きな特徴である。編纂素材に百済に関する記録が認められるように、『日本書紀』は国内のみで完結する歴史叙述ではない。そこで最初の勅撰史書が朝鮮諸国をはじめとする外国との交渉史に対して特別な関心を寄せた意味を、具体的な記事のなかから探る目的から、五世紀の倭の五王の記録・六世紀の仏教伝来記事を取り上げる。

五世紀以降になると倭国の動向が信頼できる中国史料に現れ、ある程度『日本書紀』の記述を朝鮮半島・中国大陸の記録と対照させることができる。その結果、『日本書紀』には紀年の延長があることが指摘されたのであった。

『日本書紀』の紀年延長が「東洋史」という学問分野を創設した那珂通世《なかみちよ》によって指摘されたことは、史学史のうえでもことのほか重い意味を持っている。那珂に学んだ白鳥庫吉《しらとりくらきち》、そして白鳥に師事した池内宏《いけうちひろし》・津田左右吉《つだそうきち》と、『日本書紀』を歴史資料として扱った客観的研究は、国史（日本史）ではなく東洋史の分野から出ているからである。それはひるがえって、『日本書紀』という書物の性格を考えるとき、この歴史書を日本列島の固有性に閉じ込めることなく、東アジアの同時代のなかに置き直すことが必要であるのだと思える。

ともかく東洋史の立場から対外交渉の記録を比較することで、『日本書紀』の紀年がどのように設定されたかを検証することが可能であった。再び太歳の干支表示を例に取り、神功皇后紀の場合をみてみたい。

『日本書紀』巻第九は気長足姫尊《おきながたらしひめのみこと》、つまり神功皇后《じんぐうこうごう》の事績を叙述した巻である。神功紀は新羅の征服などの伝説に彩られ、歴史記録というより倭（日本）と朝鮮諸国との交渉由来をまとめて掲げたと解される。しかし伝説を編年に組み入れるための工夫が施されている。

神功皇后の巻では太歳の表示が①摂政元年の辛巳、②三十九年の己未、③六十九年の己丑と干支が三箇所もあって、ここだけ異例である。この理由については次のように解釈できる。

①摂政元年辛巳は、神功皇后が摂政を始めた年である。『日本書紀』は皇后を天皇に準じ、太歳の干支を書いた。

②三十九年己未に太歳の干支があることは『日本書紀』の太歳表示の原則から外れる。

③六十九年己丑は皇后が崩じた年なので、異例であるが皇后の摂政期間の起終を示すため太歳の干支を書いた。

問題は②である。原文で引用すると「三十九年、是年也、太歳己未。魏志云。明帝景初三年六月。倭女王遣二大大夫難斗米等一。詣レ郡求下詣二天子一朝献上。太守鄧夏遣レ吏将送詣二京都一也。」となって、本文は太歳干支の表示だけで、分註に景初三年（二三九）の倭女王の朝貢記事を「魏志《ぎし》」（『三国志』）から引用している。

これはなかなか面白い仕掛けである。わたしは分註が『日本書紀』成立時点から存在したと考えるので、『日本書紀』の撰者が分註を利用して、神功皇后とは三世紀代に実在した「倭女王」（卑弥呼）にあたると暗示しているのだと理解する。

神功皇后摂政三十九年は名指しで中国文献（魏志）を引用した最初の箇所なので、意図をもって紀年が設定され、太歳を表記しているということがわかるであろう。神武紀元と同じく机上の計算で設定された紀年であるが、何を念頭においてこうした紀年を組んでいるのかを考えていかないと、『日本書紀』の意図を読み解いたことにはならない。そのうえでも、五世紀の東アジア史と『日本書紀』を比較する作業は意味がある。

池内宏は中国の史書や朝鮮の『三国史記』と対比して、『日本書紀』では四世紀後半に始まった倭（日本）と朝鮮半島・中国大陸との交渉を三世紀に引き上げる造作が施されていると述べた。対比の結果、およそ五世紀の外交記事は干支二運《にうん》（百二十年）古く設定されていることがわかっている。

倭の五王と『日本書紀』

五世紀は近畿地方で巨大前方後円墳が造られる時代で、中国の史書にはちょうど倭の五人の王が宋《そう》（南朝）に使節を派遣し、中国皇帝から官爵をもらったことが記されている。ところが『日本書紀』には、倭王の遣使について明確な記述をみない。中国史書に倭王の遣使記事があることは、もちろん江戸時代の国学者たちは気がついていた。そこで『日本書紀』と中国史書の矛盾を解消するため、いくつかの便法が考え出されている。

本居宣長は「わたくしに天皇の御使といひなして、もろこしの王とことかよはし、物などおくりて……」（『馭戎慨言《ぎょじゅうがいげん》』）と述べ、天皇が朝貢するはずはなく、臣下が詐称した使節が唐土に至ったと説明した。じつは明治の那珂通世も同じ考えを採り、「倭王ノ使ト云ヘルモ、皇朝ノ御使ニハ非ザリシコト、論ナシ。……畏《かしこ》クモ天皇ノ御名義ヲ仮《か》リテ、私ニ使ヲ遣シ、ナルベシ」（『外交繹史』巻之四）と述べている。紀年論で発揮された鋭い議論は影をひそめ、宣長と大同小異の結論で終わっている。

たしかに『日本書紀』には倭王の遣使と完全に一致する記事はない。しかしそれは比較史料が増す七世紀の遣隋使の記事も同様で、中国と日本の史料では少なからぬ相違が認められる。立場も状況も違う二系統の史料で完全一致の歴史像を描き出すことは、よほどの幸運がない限り難しいのである。

しかし次のような記事はどうであろうか。

> 三十七年春二月戊午朔、阿知使主《あちのおみ》・都加使主《つかのおみ》を呉《くれ》に遣はし、縫工女《きぬぬいめ》を求めしむ。爰《ここ》に阿知使主ら、高麗国《こまのこく》に渡り呉に達《いた》らむと欲《おも》ふ。則《すなわ》ち高麗に至れども、更に道路を知らず。道を知る者を高麗に乞ふ。高麗の王、乃《すなわ》ち久礼波《くれは》・久礼志《くれし》二人を副《そ》へて導者とす。是に由りて呉に通ふことを得たり。呉の王、是に工女兄媛《えひめ》・弟媛《おとひめ》、呉織《くれはとり》・穴《あな》

織《はとり》の四婦女を与ふ。（『日本書紀』応神天皇三十七年）

この記事は紡織の技術者を「呉」（江南）に求めたこと、その使節は阿知使主・都加使主という渡来系氏族であったこと、呉へ渡るまでに高麗（高句麗）を経由し、案内者を随行させたと記している。記事のかけられた応神天皇三十七年は『日本書紀』の紀年では西暦三〇六年になる。

紡織の技術者を「呉」から迎えたことは雄略紀にも記事があり（雄略天皇十四年正月・三月）、同じ記事を重複して載せたとする見方もある。ただ応神紀の記事は次のような『宋書』の遣使記事と年代の上で接点のあることも事実なのである。

倭国は高驪《こま》の東南、大海の中に在り。世貢職を修む。高祖の永初二年、詔して曰はく「倭讃《さん》、万里貢を修む。遠誠宜しく甄《あらわ》すべく、除授を賜ふべし」といふ。太祖の元嘉二年、讃また司馬曹達《しばそうたつ》を遣はし表を奉り方物を献ず。（『宋書』夷蛮伝　倭国）

元嘉二年は西暦四二五年、いっぽう応神天皇三十七年は西暦三〇六年だが、干支二運を引き下げるなら四二六年となり、年代だけではあながち無稽ではなくなる。中国側では高句麗の向こう側に倭国があるとの地理観で、渡来人らしい曹達が使者であったことも注意される。

むしろ問題なのは、南朝への通交で高句麗が橋渡しをしたとの点である。高句麗は朝鮮半島北部から中国東北地方（旧満州）にかけて存在した古代国家で、五世紀の長寿王《ちょうじゅおう》（在位四一三―四九一）のときに全盛期を迎えた北東アジアの大国であった（図10）。長寿王が建てた父、広開土王《こうかいどおう》（在位三九一―四一二）の碑には、倭と高句麗がたびたび交戦したことが記されており、このような状況からは、『日本書紀』がいうような倭の南朝（呉）との通交を高句麗が友好的に仲介したことは、にわかには信じがたい。

一致する三つの史料

しかしながら、『日本書紀』と朝鮮半島の史料を対照させることで、四・五世紀の東アジアの状況が鮮明になる場合も少なくない。

先に述べたように、倭と高句麗は五世紀の段階で敵対関係にあった。その背景には、朝鮮半島における百済《くだら》や新羅《しらぎ》の動向が関わっており、基本的には倭は百済と同盟して高句麗に対抗するというものである。『日本書紀』によると、百済と倭との交渉は朝鮮半島南部にあった加耶《かや》諸国を通じて始まったといい、これは実情を伝えているであろう。著名な石上神宮《いそのかみじんぐう》の七支刀《しちしとう》については、『日本書紀』神功皇后摂政五十二年（二五二）九月に百済が「七枝刀一口」を献じた記事があり、この紀年も干支二運の引き下げが必要である（二五二→三七二）。

図10　5世紀の朝鮮半島

百済は四世紀代から高句麗と抗争を繰り返し、一時は高句麗王を敗死させた。また対外交渉の面では、東晋・宋と江南の中国王朝に遣使している。このふたつの要素はそのまま百済と同盟した倭国に持ち込まれ、五世紀の外交関係の基本軸を形成している。だからこそ五世紀の倭王は、百済と同様に江南の王朝に遣使して官爵を受けたのであろう。七支刀の銘文にある「泰□《(和)》四年」が東晋の太和四年（三六九）であることも、江南（呉）・百済・倭のつながりを物語る。

このような国際関係を了解したうえで、四世紀の東アジアの状況を伝える三つの史料をならべて提示したい。百済と倭が同盟を結び、百済の王子が質として倭に遣わされた事件の記録である。

〔高句麗広開土王碑〕永楽九年（三九九）条

九年己亥、百残《ひやくざん》誓を違ひ、倭と和通す。王、平壌《へいじょう》に巡下す。

〔日本書紀〕応神天皇八年（二七七→三九七）

八年春三月、百済人来朝す 百済記に云はく、「阿花《あか》王立ち、貴国に礼無し。故、我が枕弥多礼《とむたれ》、及び峴南《けんなん》・支侵・谷那《こくな》・東韓の地を奪はる。是れを以て王子直支《とき》を天朝に遣はし、以て先王の好みを脩む」といふ。

〔三国史記〕百済本紀　阿莘《あしん》王六年（三九七）

王、倭国と好を結び、太子腆支《てんし》を以て質と為す。

『日本書紀』と『三国史記』は、年代（西暦三九七年）・人物（阿花王＝阿莘王、王子直支＝太子腆支）までほぼ一致する。正確に言い直すと『日本書紀』が分註で引用した「百済《くだら》記《き》」が『三国史記』と一致し、百済が倭と友好関係を強化し、人質として王子を遣わしたとの内容である。百済を「我」、倭を「貴国《きこく》」と呼ぶ「百済記」は百済の記録にもとづき、『日本書紀』本文よりもいっそう信頼の置ける記事である（「百済記」など百済史書の成り立ちについては、改めて述べることにしたい）。

しかし『日本書紀』と『三国史記』は、後代にまとめられた編纂文献で、五世紀当時の記録ではない。『日本書紀』は八世紀、『三国史記』に至っては十二世紀の成立である。

これらに比べると、四一四年に広開土王を葬ったときに建てられた広開土王碑は、第一次史料として高い史料的価値を誇る。そして何より広開土王碑の内容は『日本書紀』『三国史記』と一致する。「百残（百済）誓を違ひ、倭と和通す」との具体的内容が、王子を身代わりに差し出しての百済と倭の軍事同盟であろう。成立事情や史料の視点が異なる金石文と編纂文献が一致をする（図11）。

朝鮮史の研究者で広開土王碑の詳細な検討で知られる武田幸男《たけだゆきお》氏は、「古代史料のあり

図11　高句麗広開土王碑の全景（右・『朝鮮古蹟図譜』より）と基底部（下・『通溝』より）

方からすれば、これら諸史料の内容が一致することは稀有の事態に属し、百済の高句麗からの離脱、倭との連盟という史実を動かぬものとする」と述べられた。このことは、ひるがえって史料としての『日本書紀』の有効性を考えるうえでも、まことに大きな意味を持つ。すなわち『日本書紀』が伝える外交記事は、日本側からの視点・最終的な編纂時期などの限界を含みながらも、五世紀の史実を確かに記録していることになるからである。

高句麗の遺跡から

ところでわたしは、二〇〇〇年の八月から九月にかけて「大阪市立大学高句麗遺跡学術調査団」に参加し、中国の遼寧《りようねい》省・吉林《きつりん》省にある高句麗の遺跡を見学した。王都のあった集安《しゆうあん》には広開土王碑をはじめ、特色のある積石塚《つみいしづか》や山城の遺跡が残っており、北東アジアの強国であった高句麗の実像にふれることができた。

中国と北朝鮮にまたがる高句麗の遺跡は、見学後の二〇〇四年に世界遺産となっている。その準備段階で中国側が調査を行い『集安高句麗王陵』『国内城』などの報告書が出版された。それによれば広開土王碑の近くにある古墳・太王陵《たいおうりよう》から「辛卯年／好太王／所造鈴／九十六」と刻んだ銅の鈴が出土し、古墳の時期からみても太王陵は広開土王の陵墓と確定できると結論づけている。つまり広開土王碑とは、太王陵に近接して建てられた王陵

図12　西大墓（『集安高句麗王陵』，文物出版社）

の碑である。同じ報告書では、王碑を建てた長寿王の陵を集安でひときわ偉容を誇る切石の古墳・将軍塚《しょうぐんづか》に比定している。

高句麗の遺跡はいずれも印象深いものであるが、吉林省集安で見学した古墳のなかのひとつ、西大墓《にしだいぼ》という壮大な積石塚について、とくにふれておきたい（図12）。

積石塚といっても一辺が五五《メートル》もある石の山で、中央が掻きだされてふたつの山になっていた。案内してくれた現地ガイドの説明では、元はひとつの山だったのが日本統治時代の盗掘によりこのようになったということであった。

ところが二〇〇四年の報告書では違うことが書かれている。西大墓の盗掘は大規模かつ徹底的であることから戦乱などが考慮され、『晋書』慕容皝《ぼようこう》載記にみえる三四二年に鮮卑《せんぴ》が高句麗の都に侵攻し王陵を暴いたときのものであると記述されていた。西大墓そのものは出土した瓦当《がとう》の「己丑」銘（三二九年）や古墳の型式をあわせて、美川王《びせんおう》（在位三〇〇―三三一）が生前に築いた陵とみている。報告書の結論は中国史料にある記事と古墳の現状をつきあわせた所見で、もしこの見解が当たっていれば、中国と直接境を接した高句麗を取り巻く国際環境の厳しさが迫ってくる。

広開土王碑について

そもそも有名な広開土王碑にしても、四世紀の文字史料である価値を越え、政治的にも象徴的な意味を帯びた結果、過酷な近現代の歴史に翻弄された経緯があることは周知のとおりである。

広開土王碑の内容はおよそ三段に分かれ、①高句麗の建国神話、②広開土王の業績、③墓守を設けて陵墓を維持すること、から成る。しかし文字記録の乏しい時代の史料として関心が集中したのは、半島・列島の動きを伝える②である。なかでも「而《しか》して倭、辛卯年を以て来たり、海を渡り百残・□□・□羅を破り……」とあるくだりは、辛卯年（三九一）の段階で倭が軍事行動をしていることの認定をめぐって熱い議論が交わされてきた。これは現代史の課題に関わる。

新中国、また北朝鮮の成立で鴨緑江を境に国境線が引かれた。しかし高句麗の遺跡は国境をまたいで存在し、現在も中国側には朝鮮族が住んでいる。そこで「高句麗」の取り合いが中国・韓国の間でおきている。韓国は自民族に直接つながる偉大な祖先・高句麗と英雄・広開土王に対して高い評価を与える。一方で中国は、高句麗はツングース系の民族が中心で、いわば中国の少数民族がつくった地方政権だと主張する。広開土王さらに高句麗の歴史は、現代の民族問題・歴史観に直結するのである。

高句麗については日本も無関係ではない。かつてこの地は日本が支配しており、集安の遺跡調査は日本の大陸進出とともに進められた。研究自体は学術目的に徹したもので、その成果をまとめた『通溝《つうこう》』上・下（日満文化協会、一九三八年）の価値は高い。われわれが見学したときも、現地の研究者から「池内宏はどう言っているのか」と尋ねられたことを記憶している。

そういった経緯から、高句麗の歴史をどう捉えるのかはデリケートな問題が多い。見学に行った二〇〇〇年の夏は世界遺産登録をめぐって「高句麗論争」が広く報道される以前であったが、それでも中国側の神経質な空気にふれる場面に遭遇したことが思い出される。

では高句麗が北東アジア史に占めた位置を踏まえて、五世紀の倭との関係に戻りたい。

倭王武の外交

四三九年に鮮卑《せんぴ》系の北魏が華北を統一すると、高句麗は北方に領域を拡大することは困難になる。そのため広開土王から長寿王にかけて高句麗は朝鮮半島で南進を続け、その結果百済との対決はいっそう熾烈なものになった。百済は軍事的な同盟相手として倭を必要とし、高句麗と対抗し続けるのである。

『日本書紀』には百済系の史料を引き、朝鮮半島に将軍を派遣したこと、百済王との交渉の経緯を伝えているが、大勢として高句麗の優位は覆せない。過酷な条件の中でしのぎを削りながら、逸早く国家形成に成功した高句麗の実力に圧され続けたのが実情である。そこで倭が立てた対策のひとつが、江南の中国王朝へ使者を派遣して官爵を得ること、国際的な承認を得ることであったと考えられる。同時に倭王は自身が任じられた官職の属僚に倭国内の有力者を任用し、中国王朝の官職体系を国内に適用しながら国家統合を進めた（府官制《ふかんせい》）。倭の五王の中国との交渉とは、外に向けては列島側の半島権益確保の目的を持ち、内に対しては大王を頂点とする王権構成を秩序化したといえる。

ところがこれも壁があり、江南の中国王朝へ百済はもとより、高句麗が使者を派遣している。遣使を重ねて倭王の官職は次第に昇進するが、とうとう高句麗・百済がもらう官職の序列を超えることはできない。倭は百済の軍事権を要求し続けたが、中国からは拒否され続けた。それが五世紀代の「国際社会」が倭へ下した冷徹な評価なのであろう。

高句麗の長寿王は実力もあり、外交もしたたかで境界を接する北魏（北朝）と宋（南朝）の両方に使者を派遣する。それで高句麗の南下に苦しむ百済は一度だけ北魏に使者を派遣したことがあった。「高句麗は無道である。高句麗がいるのでわが百済は北魏へと行くことができない。また高句麗は北魏の背後の異民族と秘密で交渉をしている。どうか懲らしめて欲しい」と訴えたのである（『魏書』百済伝・孝文帝紀上）。これが西暦の四七二年で、『日本書紀』では雄略天皇十六年にあたる。ちなみにその前年が辛亥年、稲荷山鉄剣《いなりやまてつけん》の銘文にみえるワカタケル大王の年記である。

漢城陥落の衝撃

しかしこのような状況は四七五年にひとつの終点を迎えた。高句麗は百済の冒険的外交に対してただちに反撃し百済の王都に侵攻した。このときの記録は当然『三国史記』にあるが、『日本書紀』にも詳細な記述がある。これも朝鮮半島の史書と『日本書紀』を対比して示しておこう。

〔三国史記〕百済本紀　蓋鹵王《がいろ》二十一年（四七五）

二十一年麗王巨璉《きよれん》、兵三万を帥《ひき》ゐ来たりて王都漢城《かんじよう》を囲む。王城門を閉ぢ、出でて戦ふこと能《あた》はず。麗人兵を分かち四道と為し来攻す。また風に乗り火を縦《はな》ち、城門を焚焼す。人心危懼、或は出て降らむとする者有り。王窘《きわ》まりて図るところを知らず。

数十騎を領して門を出、西に走る。麗人追て害す。

〔日本書紀〕雄略天皇二十年（四七六）

二十年冬、高麗王、大に軍兵を発し、伐ちて百済を尽《ほろぼ》す。爰《ここ》に少許の遺衆有り、倉下に聚居す。兵粮既に尽き、憂泣茲《ここ》に深し……百済記に云はく、「蓋鹵王の乙卯年冬、狛《こま》の大軍来る。大城を攻むること七日七夜、王城降り陥ち、遂に慰《い》礼《れ》の国を失う。王及び大后王子ら、皆敵手に没しぬ」といふ

四七五年は高句麗の南進が頂点に達した年で、百済の王都（漢城）は陥落し、蓋鹵王は戦死した。興味深いことに雄略紀のこのくだりには、ヘスオト（倉下）・コニサシ（王城）・コニヲクル（大后）・セシム（王子）など古代朝鮮語と考えられる訓が残っている。訓が『日本書紀』編纂当時から存したことの論証は困難だが、すくなくとも百済を「慰礼の国」（ヰレ、ヲル。大国を意味する古代朝鮮語。すなわち百済の訓「クダラ」に通じる）と表記するのは雄略紀の本文である。この記事は百済系の史料によって記述されていることの証である。また『日本書紀』のなかでそれだけ四七五年の百済の存亡を重要視したともいえよう。

そして『宋書』に掲げられた有名な倭王武の上表文は、百済の王都が陥落した三年後のものである。倭の武王は「高句麗は無道で他国の領土を併呑しようとし、国境で略奪し、

皆殺しをしてなお無道な行為をやめはしない」と高句麗を非難した。当時の倭王は、百済復興のため王子を送り出して軍事支援を行いながら、その一方で中国王朝に対して高句麗の無道を訴え、倭王歴代の奉仕の実績を強調して高い官職を要求する。この上表文のポイントは高句麗に対する中国王朝の抑止力を期待したものなのである。

しかし、倭王武の要求はやはり聞きとどけられない。五世紀の国際関係の枠組みでは限界なのである。そうすれば倭王は中国と直接交渉を行っても朝鮮半島をめぐる権益確保において外交上の利益が見いだせない。そのため倭王武すなわちワカタケル大王（雄略天皇）は、南朝に朝貢して官爵を受ける枠組みから離脱する。そこには外交上の挫折の反面、倭王権の自立を評価することもできるであろう。次に倭（日本）が中国王朝に遣使をするのは、百二十年あまり隔てた推古朝である。四七五年の漢城陥落は百済の一時的な滅亡とさえいえ、朝鮮半島・日本列島の国家形成史において転換点となる事件だったといえる。

『日本書紀』を補う史料

『日本書紀』と中国史料における倭王の遣使で対照表を作成すると、延長のある『日本書紀』の紀年は雄略朝の末年に至り、ようやく実年代に近づくようである（表2）。この間の国際関係、さらには国内の状況についての『日本書紀』が伝えるところは少なく、『日本書紀』単独で倭王の権力や外交を描き出すのは難しい。それは『日本書紀』の裏づけとなる国内史料がまだまだ乏しいからでもある。しかし稲荷山鉄剣や江田船山鉄刀はもとより、七世紀の木簡で増加している五世紀代の倭王の名を負った部姓などは、倭王の系譜や権力を考えるうえで今後の展開が期待される素材である（系図1）。

表2　日本書紀と宋書の年次対照

日本書紀	宋書
允恭天皇 412〜453	421　讃に官爵（夷蛮伝）
	425　讃，遣使（夷蛮伝）
	438　珍に官爵（文帝紀）
	443　済，遣使（夷蛮伝）
	451　済に官爵（文帝紀・夷蛮伝）
安康天皇 454〜456	
雄略天皇 456〜479	462　興に官爵（孝武帝紀・夷蛮伝）
	478　武，遣使（順帝紀・夷蛮伝）

倭王武とされるワカタケルの称号が「治天下大王」、列島で完結する「天下」を治める大王を称したことは、倭の五王の時代の終《しゅう》焉《えん》を明瞭に表している。そして『日本書紀』は「治天下大王」、さらにこの君主号が転成した「天皇」のもとでまとめられた年代記なのである。日本の雄略天皇、ワカタケル大王は「治天下大王」を称する。飛鳥時代の天皇も「○○宮御宇天皇」を称している。「御宇」は〈あめがしたおさめたまいし〉と訓む。普通アメガシタ、天下とは、天の下の唯一の

系図1　五世紀の皇室系図と王名の部民

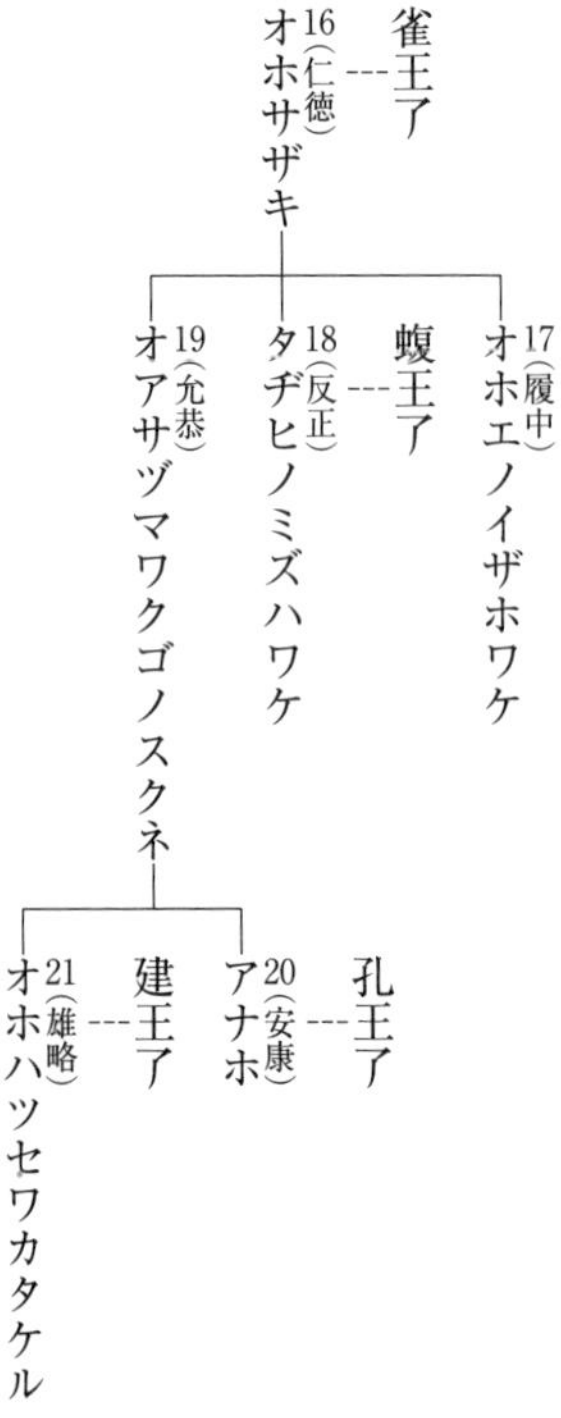

世界をあらわし、その支配者は「天子」である中国皇帝のみである。ところが日本には別の「天下」がある。この「天下」はどう考えても中国大陸を覆わない（熊谷公男『日本の歴史03　大王から天皇へ』）。

しかし日本側は、朝鮮半島については、この「天下」に収めていると考える。とくに『日本書紀』の主張はそうで、百済・新羅また「任那」は日本に朝貢する国家であり、その「起源」を神功皇后のときの半島出兵にあるとする。これは四世紀以来の半島との交渉、軍事支援、権益の確保といった「歴史的事実」を核として、「構想」された日本側の主張である。そしてそのような「構想」を載せた点に、『日本書紀』の「起源」を語る年代記としての性格がある。もちろん半島側、七世紀に朝鮮半島を統一した新羅はそうは考えない。したがってこの認識のズレは、奈良時代を通じて新羅・日本間で外交摩擦を生んだ。

『日本書紀』の立場で考えると、この「起源」を語る年代記は国号「日本」を冠し、国際基準の漢語漢文でつづられている一方、その視点は終始、日本の「天下」に立っていることに注意が必要である。自国を軸とした「天下」に、周辺各国を配している。周辺各国とは、具体的には日本列島の国家形成に多大な刺激を与え、深い関係のあった朝鮮半島の諸国になる。だからこそ『日本書紀』には、詳細な外交記事が残されるのだと考えられる。それはちょうど、中国史書が東夷伝・夷蛮伝を設けて日本をはじめとする周辺国家との交渉を書いていることと相似なのではなかろうか。

国内史料の立場

『日本書紀』の側では倭王の中国朝貢の事実があからさまには書かれていない。これは記録が増加する七世紀初めでも同じことで、推古朝の遣隋使記事でも『隋書』が顧みられていない。ところが雄略天皇の遺詔はほとんど『隋書』高祖紀の文章を利用している。雄略紀（巻第十四）と推古紀（巻第二十二）は『日本書紀』の区分論において別のグループに分類されるとはいえ、『日本書紀』の編纂時に『隋書』を知らなかったわけではないだろう。海外史料を知らないのではなく、採録するつもりがないのである。これは『日本書紀』の基本姿勢として確認しておく必要がある。しかもそのうえで、五・六世紀の朝鮮関係に限っては、「百済記《くだらき》」「百済本記《くだらほんぎ》」などの先行文献に依拠するのである。

『日本書紀』における朝鮮半島の記事は、『日本書紀』の枠組み・視点によって配されており、その記述をただちに「歴史的事実」と認めることはできない。しかし『日本書紀』の朝鮮半島の記事をまったくの架空・虚構ともいえない。『日本書紀』の主張・枠組み・視点を充分考慮しながら、そこからどうやって「歴史的事実」を読みだしてくるかが日本史、また朝鮮史の課題、今後の課題なのである。

このような自国史に限定された視点は『日本書紀』に限るものではない。思えば広開土王碑にしても、周辺諸国を服属させ、倭との戦争に勝利し、領域を広げたことを雄弁に語りながら、ひとつだけ抜けていることがある。それは高句麗と中国王朝との交渉である。中国史書には「高句驪《こうくり》王安《あん》、使を遣して方物を貢ず」(『晋書《しんじょ》』慕容盛載記)・「句驪王安を以って平州牧と為し、遼東・帯方二国の王に封ず。安、始めて長史・司馬・参軍官を置く」(『梁書《りょうじょ》』諸夷伝　高句驪)とあり、広開土王(高句驪王安)が鮮卑系後燕《こうえん》の慕容《ぼよう》氏に朝貢して冊封を受けたことが記されている。ところがこの事実について広開土王碑では記載がみられない。王の事績を顕彰する陵の碑文では意図して省かれたのであろう。『日本書紀』において、五世紀の倭王たちが中国に使節を派遣したことをあからさまには記さないことと似通う点であり、高句麗の王陵碑が誰に対して記されているかに規定された史料的限界といってよい。そしてそれは、『日本書紀』が対外交渉に関心を寄せながら、あくまで国内向けに書かれた歴史書であることに重なって映るのである。

六世紀大王家の始祖

継体天皇の登場

五世紀に君臨したワカタケル大王（雄略天皇）の後、列島側では短期間に大王が交代した。『日本書紀』ではオケ・ヲケ兄弟の即位（顕宗・仁賢）やワカサザキ大王の暴虐（武烈）など、風土記や歌謡と関係の深い説話的な記事が続き、歴史記録としては判断が難しい。

そのようなかでも、たとえば武烈紀には「是歳《このとし》、百済末多《まつた》王無道にして、百姓に暴虐たり。国人遂に除き嶋《しま》王を立つ。是を武寧《ぶねい》王と為す」（武烈天皇四年是歳）と、百済の末多王（東城王）の廃位と嶋王（武寧王）の即位に関する記事がはさまれている。『日本書紀』は武寧王の薨去（継体天皇十七年五月）・太子の継承（聖王、同十八年正月）についても単独で記事を立てていて、一見、日本国内とは関わらないかにみえる百済の王位継承について相当な関心を寄せている。

武烈紀は氏族伝承かと思われる物語風の記事と百済の記録に由来する編年史が融合せずに並んでいる。確たる編年史料が百済の記録に拠っているとの指摘は、『日本書紀』の編纂材料を考えるうえで無視できない。『日本書紀』の場合、歴史書にとってとりわけ重要な年代決定はどうやら百済系の史料に根拠があるようなのである。

この問題に進む前に、六世紀における日本側の王位継承についてふれておこう。五世紀のワカタケル大王後に混乱があり、やがて従来の王統とは違うオホド大王（継体天皇）が登場する。

周知のように継体の登場には多くの問題があり、そのひとつは出自に関するものである。『日本書紀』が記すように、継体天皇がはたして「誉田《ほんだ》天皇の五世の孫、彦主人《ひこうし》王の子」であったのかについては疑問とみる意見も根強い。近江、あるいは越前の地方豪族出身であるとの説が盛んに唱えられてきた。

『日本書紀』に限っていえば、応神（誉田天皇）から継体にいたる系譜は見当たらない。鎌倉時代の『釈日本紀』が引用する系譜史料（『上宮記《じょうぐうき》』引用「一云」）にみえるのみである。しかしこれをもって継体天皇の出自を疑うには当らない。『日本書紀』には現存しない「系図一巻」が存在したことを想起されたい。

『日本書紀』と『古事記』を比較すると、『古事記』にはあって『日本書紀』では見当らない系譜群がいくつかあることに気がつく。それも武内宿禰《たけしうちのすくね》後裔のような大系譜が『日本書紀』では欠落している。これらは「系図一巻」に譲られたのだとみれば問題ないのである。同じように応神―継体の系譜についても、たとえ『日本書紀』本文には記載がなくとも、この「系図一巻」に記されていた可能性が高い（塚口義信『ヤマト王権の謎をとく』）。

このようにみてくると、継体天皇の即位をもって大王家の系統が変わったとみる意見は、検討の余地があることがわかる。かつては継体・欽明朝の時期に内乱を想定する学説もあった。反響は大きく現在でも古墳研究者の間で再評価するむきがあるが、文献上は裏づけの取れない仮説であると思う。

「嫡子」欽明

たしかに継体天皇は五世紀の大王たちとは血縁として遠く、近江・越前に基盤があったことから、従来の倭王権構成層とは断絶があったに違いない。

しかし婚姻関係に注視すると、『日本書紀』で嫡妻とされたのは前天皇の妹にあたる手白《たしら》香《か》皇女であり、倭王権を継承する側面を見落としてはならない。継体天皇の后妃はその政治的地位に応じ、安閑・宣化天皇の母である尾《お》張《わりの》連《むらじ》出身の目《めの》子《こ》媛《ひめ》から手白香皇女へと交替したであろう。継体・安閑・宣化三代の皇后はすべて仁賢天皇の皇女であり、旧来の大王家出身の女性をキサキにむかえ、大王家を継承する意図が濃密である（系図2）。

ただ『日本書紀』のなかにも欽明天皇の即位年について混乱があることは事実である。次に述べるのは中山薫氏が指摘されたことである（中山薫「敏達即位前紀の立太子年について」『続日本紀研究』三九六、二〇一一年一二月）。

系図2　六世紀の皇室系図

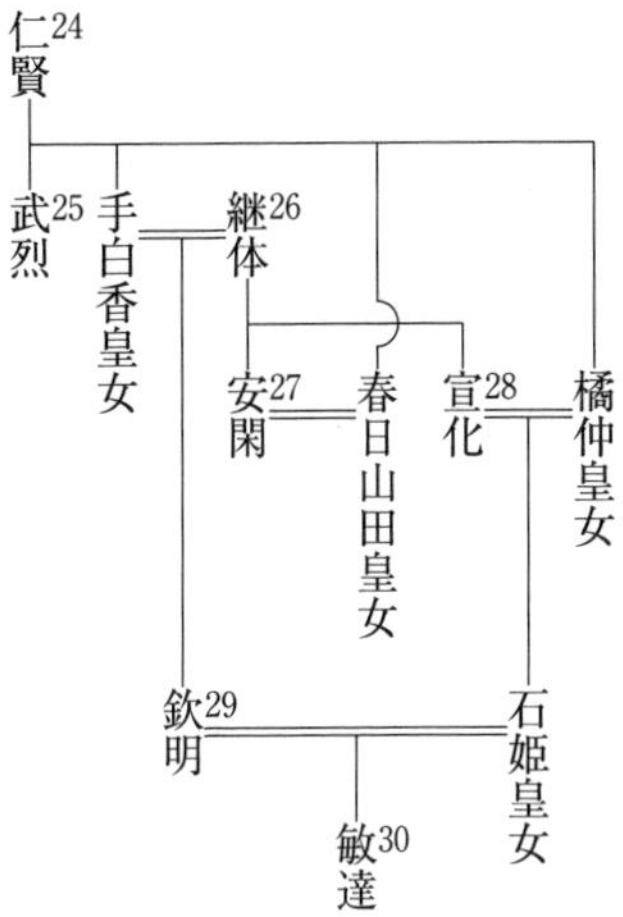

欽明天皇紀（巻第十九）では「十五年春正月戊子朔甲午、皇子渟《ぬ》中《な》倉《くらの》太《ふと》珠《たま》敷《しきの》尊《みこと》（のちの敏達天皇）を立てて皇太子と為す」とあるのに対し、敏達天皇紀（巻第二十）には同天皇の立太子を「二十九年、立ちて皇太子と為る」と記されている。敏達天皇の立太子年が『日本書紀』のなかにおいて、欽明天皇十五年・同二十九年の二説あるのである。

この矛盾は欽明天皇の在位年について複数の説が存在したことの痕跡である。

①五三九―五七一、在位三十二年（欽明紀）

②五三一―五七一、在位四十一年（敏達紀・上宮聖徳法王帝説）

③五三二―五七一、在位四十年（元興寺縁起）

①は『日本書紀』の公式な編年で、欽明天皇は異母兄である安閑（在位五三四―五三五）・宣化（在位五三六―五三九）のあとに即位したとする紀年である。②は『日本書紀』の敏達即位前紀と『上宮聖徳法王帝説《じょうぐうしょうとくほうおうていせつ》』、③は『元興寺縁起《がんごうじえんぎ》』が採用した異伝である。②・③では一年のずれがあるが、ともに継体天皇（在位五〇七―五三一）を継いですぐに欽明が即位したとカウントをする。②と③は当年《とうねん》改元（アンテ・デート）と踰年《ゆねん》改元（ポスト・デート）の違いで、継体崩後から欽明の治世を数える点で本質は同じである。中山氏がいうように、敏達紀での欽明天皇二十九年立太子は②の紀年に拠ったのに違いない。

だからといって②の紀年から安閑・宣化と欽明天皇の対立が立証されたと考えるのは早計である。欽明の皇后には庶兄・宣化の皇女である石姫《いしひめ》が選ばれ、石姫所生の皇子（敏達）がやがて即位したことは、安閑・宣化と欽明が良好な関係を維持できたことの証拠である。欽明天皇は越前から畿内に入って大王位に就いた継体天皇を父に持ち、仁賢天皇の皇女、手白香皇女を母に持つ。母の異なる兄二人、安閑・宣化が先に大王に就いているが、『日本書紀』は安閑・宣化をそれぞれ継体天皇の「長子」「第二子」、欽明を「男大迹《おおど》天皇の嫡子」と記し、兄たちを庶出とみなしている。

『日本書紀』は一人の大王が大王位を継承したことを原則に紀年を構成し、天皇紀を作ったのであろうが（欽明紀）、杜撰なことに継体崩後から欽明の治世を数える所伝も残された（敏達紀）。継体・欽明の王位継承ではかつて説かれたような権力闘争よりも、倭王権の正統な継承者である欽明を庶兄らが後見をしたようなことを想定するのが穏当かもしれない。少なくとも欽明天皇が六世紀大王家の正統と考えられていたのは疑いないところで、大王の位は欽明の子どもたちによって継承されてゆく。その意味では、欽明天皇は六世紀大王家の始祖なのである。

帝紀を編む

欽明天皇、また欽明朝は『日本書紀』の素材史料を考えるうえでも重要である。『日本書紀』の中心的な編纂材料である「帝紀」（系譜）や「旧辞」（物語）は、欽明朝よりまとめられ始めたとされている。この説は津田左右吉によって表明され、修正を加えながら多くの賛同を得ている推測である。

わたしもこの推測は成り立つ可能性が高いと思う。ただ津田の議論では「古事記に物語のあるのが顕宗天皇までであるのを見ると、その時からあまり遠からぬ後、たゞしその時の記憶がかなり薄らぐほどの歳月を経た後、多分、欽明朝前後、即ち六世紀の中ごろに於いて一とほりはまとめられたのであらう」とやや頼りない。そこで次の三点を論拠に加えておきたい。

①「日嗣」（大王の系譜）を読み上げる殯宮《ひんきゅう》儀礼が安閑～欽明天皇のときに認められる

②厩戸皇子（聖徳太子）に関わる「天寿国繡帳銘《てんじゅこくしゅうちょうめい》」の系譜で欽明天皇が起点となる

③欽明朝と同時期の新羅において、自国史の編纂が開始されている

①はすでにふれたように、歴史書の根幹となる帝王の系譜で、「帝紀」と等しいものである。「日嗣」が葬送儀礼と関わる点からすれば、欽明天皇の事例には注目すべき点が多い。

欽明天皇は在位三十二年（五七一）四月に崩じ、五月に河内の古市《ふるいち》において殯が行われた。その後、九月に檜隈坂合陵《ひのくまのさかあいのみささぎ》に葬られている。

ところが欽明の皇女である推古天皇の治世では、まず推古天皇二十年（六一二）に推古の母である堅塩媛《きたしひめ》（蘇我稲目の娘）を「檜隈大陵」に改葬する大掛かりな追葬の儀礼が行なわれた。さらに推古天皇二十八年（六二〇）には「檜隈陵」に砂礫《されき》を葺《ふ》いて整備が行な

われている。

欽明陵での儀礼

　これらを史料で確認しておく。

二月辛亥朔庚午、皇太夫人堅塩媛を檜隈大陵に改葬す。是の日、軽《かる》の街《ちまた》に誄《しのびごと》す。第一に阿倍内臣鳥《あべのうちのおみとり》、天皇の命を誄す。則ち霊に奠《ものたてまつ》る。明器・明衣の類、万五千種なり。第二に諸皇子等、次第を以て各《おのおの》誄す。第三に中臣宮地連《なかとみのみやどころのむらじ》烏《お》摩侶《まろ》、大臣の辞を誄す。第四に大臣（＝蘇我馬子）、八腹《やはら》の臣等を引率し、便《すなわ》ち境《さかい》部臣摩理勢《べのおみまりせ》を以て氏姓の本《もと》を誄す。時人《ときのひと》云はく、「摩理勢・烏摩侶の二人は能く誄す。唯《ただ》し鳥臣は誄すること能はず」といふ。（『日本書紀』推古天皇二十年二月）

冬十月、砂礫を以て檜隈陵の上に葺く。則ち域外に土を積みて山と成す。仍《より》て氏《うじ》ごとに科《おお》せて、大柱《おおはしら》を土山の上に建つ。時に倭漢坂上直《やまとのあやのさかのうえのあたい》が樹《た》つ柱、勝《すぐ》れて太《はなは》だ高き。故に時人、号《なづ》けて〈大柱直《おおはしら》〉と曰ふ。（『日本書紀』推古天皇二十八年十月）

推古天皇二十年のときは大規模な儀礼を伴い、「天皇の命」「大臣の辞」「氏姓の本」などの誄が奉られた。大臣（蘇我馬子）が蘇我氏の同族（八腹の臣）を率いて参列しているように、蘇我氏出身ではじめて大王の母となった堅塩媛の権威が高められている。また推古天皇二十八年の場合は、崩御の後、五十年を経てなお檜隈陵がモニュメントとして機能

図13　梅山古墳の葺石
（『書陵部紀要』50より転載）

し続けていることが注意される。六世紀大王家の始祖である欽明天皇の位置づけをうかがうことができるだろう。

　欽明天皇陵を飛鳥地域のどの古墳にあてるかは、五条野丸山《ごじょうのまるやま》古墳・梅山《うめやま》古墳（宮内庁治定「欽明陵」）の二説がある。このうち梅山古墳では宮内庁書陵部による発掘調査により墳丘裾で砂礫が検出されており（図13）、明和八年（一七七一）には古墳南側の字「イケダ」と呼ばれる低地から柱根が出土したとの記録が残る。実際に梅山古墳南の水田に立つと、梅山古墳は南側だけが平坦であることが実感される。この平坦部は平田川の谷であって、しかも東には尾根の端部に築かれた野口王墓《のぐちおうぼ》（天武・持統陵）を望むことができるのである。六・七世紀の大王に関わる葬送・改葬の儀礼は、この地で行われたことが想像される。

さて次に②系譜で欽明天皇が起点となることは、日本国内の大王位の継承から考えられることである。欽明天皇は系譜上、新旧ふたつの大王家の結合というべき位置にある。そのうえで「天寿国繡帳銘」に刺繡された銘文の系譜において、大王家では欽明天皇が、外戚では蘇我稲目《そがいなめ》を起点とし、厩戸皇子《うまやど》（聖徳太子）に続く血統が表現されているのである。これは①とも関連し、大王家と蘇我氏の結合を記念した七世紀の文字史料として、「天寿国繡帳銘」の信憑性が高いことの証となりうる（北康宏「聖徳太子　基本資料の再検討から」、鎌田元一編『古代の人物1　日出づる国の誕生』、清文堂出版、二〇〇九年）。大王の系譜をまとめる機運は誄の奉上などを通じていっそう高まったことであろう。「天皇記」「国記」もまた聖徳太子・蘇我馬子によって編纂されている。

以上の①・②が国内の問題であるのに対し、③は対外的な契機である。

百済王の諡号

六世紀は列島にとって朝鮮半島南部をめぐる百済と新羅の抗争に介入した時代でもある。倭が伝統的に深い関係を結んでいたのは百済であった。

これは五世紀以前から続く関係であり、雄略朝における軍事的支援によって百済が再興されたこともあって、倭と百済の関係はいっそう深まっている。四七五年に高句麗の侵攻で漢城を喪った百済は、熊津《くまなり》（忠清南道公州《コンジュ》）に都を置いて安定を迎えた。武寧王（在位五〇一—五二三）は普通二年（五二一）に中国の梁に遣使し「累《かさ》ねて句驪《くり》を破り、今始めて通好す。而《しか》して百済更に強国為《た》り」とアピールしている（『梁書』諸夷伝　百済条）。

ところでこの武寧王の出生についての『日本書紀』の記述は、次のようなものである。

蓋鹵《がいろ》王の弟が倭に赴いたとき、生まれたのが武寧王であり、生地が筑紫の各羅島《かからじま》であったために「嶋王」「斯麻《しま》王」と名づけられた（雄略天皇五年四月・武烈天皇四年是歳）。

一見、荒唐な説話にみえるが、一九七一年に発掘された公州の宋山里古墳群から武寧王の墓誌が出土し、そこには「寧東大将軍百済斯麻王年六十二歳。癸卯年五月丙戌朔七日壬辰崩到」と刻まれていた。墓誌にあった王の諱「斯麻」は、『日本書紀』にしかない武寧王の半生についての記述が信頼できる歴史資料であることを証明するものであった。

ここからは「武寧」の王名は死後に王の業績を評価して付けられた諡号《しごう》（おくり名）であることも確認できる。百済王はこの前後より東城・武寧・聖・威徳と漢風の諡号を持つようになった。同時期の日本では広国押武金日《ひろくにおしたけかなひ》（安閑）・武小広国押盾《たけおひろくにおしたて》（宣化）・天国排開《あめくにおしはらき》広庭《ひろにわ》（欽明）と、和語であるがやはり大王に諡号が認められる。諡号と「日嗣」が密接な関係を持つことは、すでに論じたとおりである。諡号の献呈をもって大王の葬礼は終り、このときに読み上げられた誄の内容が「日嗣」なのであった。

新羅の国史編纂

以上のような葬送儀礼の整備の一方、六世紀の朝鮮半島情勢で注視すべきは、新羅の勃興である。朝鮮半島東海岸で興った新羅は、五世紀には高句麗の軍事的影響下にあった（中原高句麗碑《ちゆうげんこうくりひ》など）。ところが六世紀代の新羅は、国号・君主号の制定や律令の頒布など国家機構の整備につとめ、普通二年（五二一）には百済使に伴われて中国に外交使節を派遣するに至る。中国史書では『梁書』においてはじめて諸夷伝に新羅の項が設けられたのも、いわば中国南朝を中心とした国際社会で新羅の地位が認知されたといえる。

新羅は百済と連携していたが、新羅は国力のさらなる充実とともに領土拡大を図り、やがて百済との抗争に向かってゆく。継体・欽明朝の倭国は百済につながる立場で行動し、朝鮮半島南部の加耶《かや》諸国――『日本書紀』がいう「任那《みまな》」への影響力を維持しようとしたため、やはり新羅とは利害が対立する局面が多い。六世紀の新羅と倭は、いわば対抗関係で理解することができる。

その六世紀の新羅において、国家整備の一環として国史編纂が始まっていた。『三国史記』新羅本紀では、真興王六年（五四五）、異斯夫《いしふ》が国史の必要を献言し、居柒夫《きよしふ》に編纂が命じられたとある。

新羅の歴史書に関わる異斯夫・居柒夫ふたりの人物は『日本書紀』にも登場する。それも新羅が「任那」を併合してゆく過程で、居柒夫は「任那」の近江臣毛野のもとに赴いた「久遅布礼《くちふれ》」、異斯夫は「久遅布礼」に代わって兵を率い、金官（金海《キメ》）を滅ぼした「上臣伊叱夫礼智干岐《いしふれちかんき》」として、ともに『日本書紀』継体天皇二十三年四月是月に記されている。「上臣《まかりだろ》」とあるように異斯夫は新羅の首脳部である。

新羅の国史が実際にどのようなものであったかは摑みがたいが、王室金氏の系譜を明確にする目的があったという（濱田耕策「神宮と百座講会と宗廟」『新羅国史の研究—東アジア史の視点から—』吉川弘文館、二〇〇二年）。そうだとすれば、やはり古代国家の歴史書とは、まず系譜ありきで、史書編纂が系譜の撰定と密接な関係を持つ。倭国は加耶をめぐって抗争する新羅の動向に無関心ではなかったはずで、躍進する新羅の国家体制整備のひとつに歴史書の編纂があったならば、新羅との対抗関係のなかで倭国側が改めて歴代大王の系譜をまとめ、大王の葬送において読み上げる儀礼が整えられたのではあるまいか。まとめられた大王の系譜とは、最初に述べた「日嗣」である。

仏教伝来記事をめぐって

百済からの仏教伝来

さて、六世紀における重要な事件として、百済からの仏教の伝来を挙げることができる。仏教伝来について根本になる記述は、やはり『日本書紀』である。

冬十月、百済の聖明《せいめい》王更《また》の名は聖王、西部《せいほう》姫氏《きし》達率《だちそち》怒唎斯致契《ぬりしちけい》らを遣はし、釈迦仏《しゃかぶつ》の金銅像一軀・幡蓋《ばんがい》若干・経論《きょうろん》若干巻を献る。別に表して、流通《るつう》・礼拝《らいはい》の功徳を讃へて云はく、「是の法、諸法の中に、最も殊勝たり。解《さと》り難く入り難し。周公《しゅうこう》・孔子《こうし》も尚《なお》し知りたまふこと能《あた》はず。此の法は能く無量無辺《むりょうむへん》・福徳果報《ふくとくかほう》を生《な》し、乃至《ないし》は無上の菩提《ぼだい》に成弁《な》す。譬《たと》へば、人の随意の宝を懐きて、用ふべき所に逐《したが》ひ、尽《ことごと》くに情の依《まにま》なるが如く、此の妙法《みようほう》の宝もまた然《しか》なり。祈願すること情の依にして、乏しき所無し。且夫《またそ》れ遠きは天竺《てんじく》より、爰《ここ》に三韓《さんかん》に洎《いた》るまで、教に依りて奉持し、尊敬せずといふことは無し。是により百済王臣明、謹んで陪臣怒唎斯致契を遣はし、帝国《みかど》に伝へ奉りて、畿内に流通せしめ、仏の記すところの〈我が法は東に流《つたわ》らむ〉を果たさむ」とまをす。

（『日本書紀』欽明天皇十三年十月）

右のように『日本書紀』では百済の聖明王（聖王、諱は明穠《めいじよう》。在位五二三―五五四）が欽明天皇に釈迦仏や幡《はた》・蓋《かさ》、経典を送り、仏教の流通を勧めた。この百済王の上表を受けた欽明天皇が群臣にしたところ、蘇我稲目《そがのいなめ》と物部尾輿《もののべのおこし》・中臣鎌子《なかとみのかまこ》による崇仏・排仏の議論が続き、ひとたびは稲目に仏像を与え礼拝させることになった。ところが疫病の流行を契機に議論が蒸し返され、仏像は「難波《なにわ》の堀江《ほりえ》」に棄てられ、伽藍には火がつけられてしまう。

『日本書紀』の記事は寺院の縁起とみられる部分もあるが、欽明朝に百済から仏教がもたらされたこと自体に異論がない。ただ『日本書紀』は仏教伝来の年を欽明天皇十三年、西暦五五二年（壬申）と伝えているのに対し、周知のように有力な異伝がある。飛鳥寺の由来を語った『元興寺縁起』が引用する露盤銘《ろばんめい》では「斯帰嶋《しきしま》宮治天下天国案春《あめくにおしはる》岐《き》広庭《ひろにわ》天皇の御世、蘇我大臣稲目仕へ奉るの時、治天下七年歳次戊午十二月」、聖徳太子の伝記『上宮聖徳法王帝説』でも「志癸島《しきしま》天皇御世戊午年十月十二日」とあり、『日本書紀』以外のふたつの史料は一致して西暦五三八年（戊午）が仏教伝来の年としている。

『日本書紀』の編年に置き直すと、五三八年は欽明の一代前の宣化天皇三年となり、ふたつの所伝は相容れない。先学の研究をふりかえると、仏教伝来年の異伝と六世紀の皇位継承の混乱をあわせて解決する方法を探ってきた研究史がある。継体天皇の後、すぐに欽明天皇が即位したと考えれば、五三八年は欽明天皇の七年に相当するため、紀年の混乱は国内の動乱に関係すると解したからである。

現在は『元興寺縁起』『上宮聖徳法王帝説』によって五三八年を仏教伝来の年とみるのが主流のようである。そこには『日本書紀』の史料的価値を疑問視し、反対に『元興寺縁起』『上宮聖徳法王帝説』を評価する傾向があったように思われる。ところが近年は『元興寺縁起』の史料性についても疑問が投げかけられており、『日本書紀』のみを軽視してきた従来の見解は見直しが迫られている。対外関係史の視点からは、むしろ『日本書紀』が伝える五五二年の仏教公伝がふさわしいとする意見が相次いでおり、六世紀の東アジア情勢から『日本書紀』の仏教公伝の年を考えてみたい。

仏教が日本列島にもたらされるのは、なにも国家間の公的な外交ルートに限定する必要はない。仏教信仰を有する朝鮮半島の人物が来朝したならば、それは仏教の伝来とみなしうるだろう。ただ「公伝」という言葉に含意されるのは、百済王から倭王に対して仏像・経論・幡蓋を送った事実であり、それがいつであったのかを確かめることは意味がある。

「武と文の貿易」

その場合に前提となるのは、東アジアにおいて中国周辺国が仏教を受容するとき、当時の国家間での政治的関係が作用したことである。倭国に仏教を送った百済に焦点を合わせると、六世紀の百済は盛んに梁（中国南朝）に使節を派遣し、儒教や仏教に関する教義・技術を取り入れていた。当時の梁は菩薩天子として知られた武帝《ぶてい》（在位五〇二—五四九）の治世であり、百済はこの皇帝の崇仏に焦点を合わせ、仏教をツールとしてその歓心を買う面がなかったとはいえないのである。

そして百済にとって梁から得た新知識・技術は、百済国内で完結するものではなかった。百済は梁への通交によって得られた文物・技術者を倭に与え、それと引きかえに倭からは軍事的援助を求めたのである。当時、新羅と加耶諸国の争奪を演じていた百済にとって、倭への仏教公伝は単なる文化交流では収まらない性質を含む。早くに和辻哲郎が「言わば武と文の貿易である」と評したのが的確であると思う（『和辻哲郎全集三　日本古代文化・埋れた日本』一一一ページ）。

このことは『日本書紀』を読み進めればあきらかなことで、百済から新知識・技術がもたらされた記事では、その理由が書かれた箇所がある。著名な五経博士の交替を例に取ると、領土問題や軍事支援とセットで百済から博士が派遣された。百済が加耶における立場を優位にするため、「呉の財《くれたから》」（南朝で得た財）を加耶に住む倭人や加耶の首長に贈った記事もあり（欽明天皇六年九月）、文化は自然に伝播するのではなく、政治的な文脈のなかで先進知識が広まることがわかるのである。

以上のような背景を念頭において百済からの仏教公伝に立ち返ると、仏教を倭国に伝えた背後には緊迫する朝鮮半島情勢のなかで、いままでの倭国にはなかった普遍宗教（仏教）によりいっそうの軍事支援を要請したと解すべきなのだろう。それは百済が都を熊津《くまなり》（忠清南道公州）から泗沘《しひ》（忠清南道扶余《プヨ》）に遷して国力の充実を図った五三八年よりも、新羅と百済との関係が決定的に悪化した五五一〜五五四年の間の方が深刻さは増している。百済をめぐる朝鮮半島の情勢をみてゆきたい（図14）。

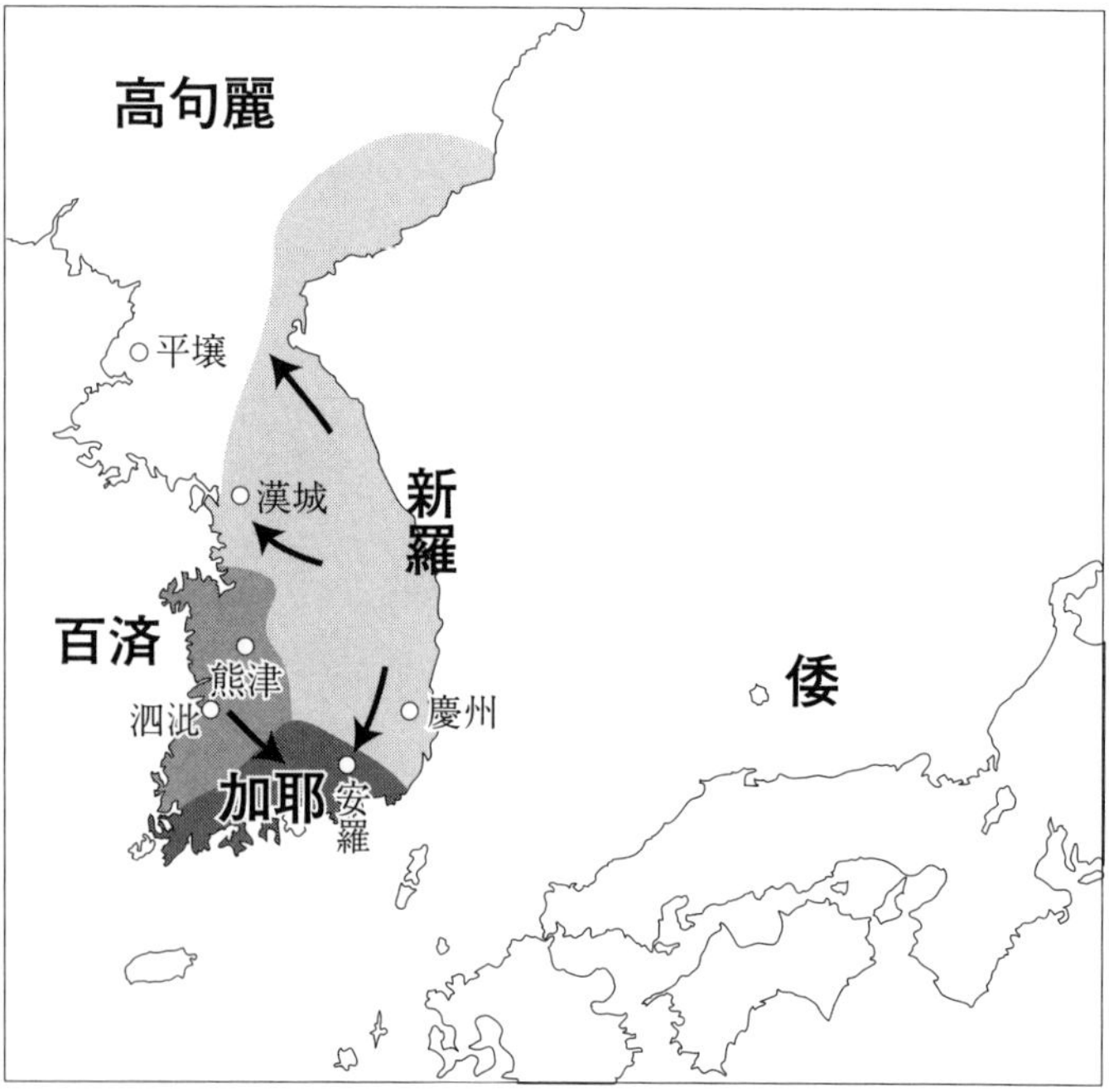

図14　6世紀の朝鮮半島

百済と新羅は加耶をめぐって対立してはいたものの、北の高句麗に対しては共同して軍事行動を取っていた（羅済同盟）。五五一年、百済の聖王（聖明王）は新羅・加耶と連合して高句麗を攻め、悲願ともいうべき漢城――四七五年の高句麗長寿王の進攻によって喪った、かつての百済の王都――の回復に成功する。『日本書紀』はこのときの経緯を記述し、「遂に故地を復す」と付け加えた（欽明天皇十二年是歳）。全く百済の立場に沿った書きぶりである。ところが事態は暗転する。

百済・新羅の対立

翌年、百済は漢城を放棄した。兵站などの問題があったのであろう、六世紀の百済はせっかく回復した旧都を維持できなかったのである。かわってこの地を獲たのは新羅であった。『日本書紀』は「百済、漢城と平壌を棄つ。新羅これに因りて漢城に入居す」（欽明天皇十三年是歳）とあって、漁夫の利を得たかたちである。新羅はこの地に軍主を置いて兵を駐留させ支配を確固としてゆく。漢城とその周辺を得たことで、躍進する新羅ははじめて朝鮮半島の西海岸に領土を得た。それはここを足がかりとして中国への使節派遣が容易になったことを意味する。新羅にとって大きな成果である。

『日本書紀』には明記がないのだが、新羅による漢城の奪取が百済との関係を決裂させる要因となったのではなかろうか。百済は北の旧都、南の加耶双方で新羅との対立を深め、その後、百済は新羅との戦闘に力を傾けていく。百済が五経博士馬丁安をはじめ僧・易博士・暦博士・医博士・採薬師・楽人など大規模な使節を派遣し、倭に「救《すくい》の兵《いくさ》」を要請した五五四年二月は、新羅との戦闘が迫っていた。百済は倭からの援軍を得て新羅の函山《かんざん》城（管山、忠清北道沃山《オクチヨン》）を攻めるが、不意討ちに遭った聖王は戦死を遂げたのである。『日本書紀』は聖王が飼馬に首を差し伸べて斬られ、頭骨は今も新羅の政庁に埋められているとの異伝を拾う（欽明天皇十五年十二月）。

このような朝鮮半島における歴史的な経緯を踏まえれば、『日本書紀』が記す五五二年（壬申）の仏教公伝の年次は信憑性をもってくる。

大仏開眼は仏教伝来二百年

なお五三八年（戊午）を仏教公伝とするのが『元興寺縁起』などにあることから、五三八年説は仏教関係者によって伝承されていたとの議論がある。だが奈良時代においては、むしろ『日本書紀』の五五二年を伝来の年とみることが主流なのではなかろうか。それは東大寺の大仏開眼会《かいげんえ》が仏教伝来二百年後にあたる天平勝宝四年（七五二）に行われていることが根拠である（吉村怜「東大寺大仏開眼会と仏教伝来二百年」『美術史研究』九、一九七二年三月）。

大仏開眼は当初、四月八日を期して準備されていた。開眼師を託された菩提《ぼだい》僧正への召集には、「四月八日を以つて東大寺に設斎す。舎那仏《しゃなぶつ》を供養し、敬《つつし》んで無辺眼《むへんがん》を開かむと欲す」と告げている（『東大寺要録《とうだいじようろく》』供養章）。陰暦四月八日とは釈迦の誕生した日に他ならない。結局は一日延期されているが、ともかく奈良時代のハイライトというべき大仏開眼は、仏教伝来二百年の仏誕会に間に合うように進められていたのである。

『続日本紀』に開眼会の盛儀を感歎した「仏法東に帰りてより、斎会の儀、未だ嘗《かつ》て此《かく》の如く盛なるはあらざるなり」とのコメントが残されているのも、『日本書紀』欽明天皇十三年に載っている百済王の上表の一節、「仏の記すところの〈我が法は東に流《つたわ》らむ〉を果たさむ」と響きあう。この一例をとっても『日本書紀』による仏教伝来の年は広く受け入られ、充分に歴史的根拠を有するものなのである。

忘れられた研究者

『日本書紀』の仏教伝来記事については、もうひとつ重要な問題が残っている。それは伝来を記す文章が後の時代の文献にみえる字句からなっており、六世紀当時のものとは考えがたいことである。

特に仏教伝来記事のうち聖王の上表文は唐・義浄《ぎじょう》訳『金光明最勝王経《こんこうみょうさいしょうおうきょう》』（『大正蔵』第十六巻、№六六六五）の文章を用いて書かれたことがわかっている。実例で示すと、百済王の上表のうち「是《こ》の法、諸法の中に於て、最も殊勝たり。解し難く入り難し」「此の法は能《よ》く無量無辺・福徳果報を生し、乃至は無上の菩提に成弁《な》す」は、『最勝王経』巻第一、如来寿量品第二（『大正蔵』第十六巻、四〇六頁上段）、上表を受けて天皇が喜んだくだりの「天皇聞きて已《すで》に歓喜《かんぎ》踊躍《ようやく》したまふ」「朕、昔より来《このかた》、未だ曽て是れの如き微妙《みみょう》の法を聞くことを得ず」は、同経巻第六　四天王護国品第十二（『大正蔵』第十六巻、四三二頁中段）の文章をほぼ踏襲している。

六世紀の上表文が八世紀に漢訳された仏典の文章で書かれていることは、とうていありえないことである。仏教公伝を承けて展開する『日本書紀』の崇仏論争についても、仏典に典拠のある説話である可能性が提示されている。したがって百済王からの仏教公伝についての文章があったにせよ、いま『日本書紀』にみえているのは後に手が加えられたと結論する他ないだろう。このような『日本書紀』の文章の典拠を探る研究を「出典論」といい、後代に漢籍や仏典の名句によって文章を修飾することを「潤色《じゅんしょく》」と呼ぶ。

仏教伝来記事の場合は誰が潤色を行ったのかに議論は発展し、『最勝王経』を用いていることから、奈良時代の僧・道慈《どうじ》を実際の筆録者に宛てた意見があり、当否をめぐって議論が続いている。

ただ忘れられがちなのであるが、仏教伝来記事の出典を最初に指摘し、さらに『日本書紀』の編纂にまで踏み込んだ見解を述べたのは、敷田年治《しきだとしはる》（一八一七—一九〇二）である。ここで敷田年治とその著作、『日本紀標註《にほんぎひょうちゅう》』について紹介しておきたい（図15）。

敷田年治は豊前国宇佐郡（大分県宇佐市）出身で、苦学して江戸に出た後に和学講談所《わがくこうだんじょ》の会頭助となり、幕末の動乱のなかで大阪に移り、支援者に支えられながら国学を講じ古典の研究に没頭した学者である（渡辺寛「敷田年治翁—その人と学問—」『皇學館史学』二五、二〇一〇年三月）。『播磨国風土記』『古事記』などの古典研究を残しているが、代表的な著作をあげるならば、『日本書紀』を注釈した『日本紀標註』（明治二十四年）であろう。

図15　敷田年治夫妻（『増補桃垣葉』）

この『日本紀標註』は敷田の意向で木版による和装本の体裁・流通をかたくなに守ったためあまり普及せず、しかもその内容の一部は、活版で印刷された飯田《いいだ》武郷《たけさと》『日本書紀通釈』（明治三十五年）に吸収されてしまった。河村秀根《かわむらひでね》『書紀集《しっ》解《かい》』や谷川士清《たにがわことすが》『日本書紀通証』のように復刊されることもなく、『日本紀標註』は研究史上で埋もれてしまった『日本書紀』の注釈といえる。

今日、百済王の上表が唐・義浄訳『金光明最勝王経』に拠っていることを指摘した先行の研究としては、飯田武郷『日本書紀通釈』、あるいは藤井顕孝「欽明紀の仏教伝来記事について」（『史学雑誌』三六—八、一九二五年八月）をあげることが多い。しかし敷田年治の知見が最も早く、飯田武郷が『日本紀標註』の意見を「或人説」として取り入れた。飯田武郷は本居宣長・平田篤胤の学説に拘泥しないことで「異説家」として非難された年治を擁護し、「敷田八天下一ノ大先生ト思也」とも評している（敷田年治宛石丸忠胤書簡）。

仏典による潤色

『日本紀標註』を読み進めると、ところどころに敷田年治の口吻があらわれ、なるほど「異説家」の著した個性的な注釈であると実感される。「標註」とあるように、『日本書紀』本文にごく簡単なコメントを加えたものであるから、坂本太郎による「簡略であって、十分に意をつくしてはいない」との紹介は、いちおうはもっともである。しかし律令や六国史で関連する記事を的確に挙げており、『日本紀標註』の創見は少なくない。

それにも増して特色と思われるのは、注釈の域を逸脱して仏教を攻撃したくだりである。敷田年治は国学者として仏教を敵視し、神葬祭の普及でも熱心に活動した。その姿勢は

「按《あんずる》に蘇我馬子の逆賊、あらざらましかば、かかる仏毒は世に遺《のこ》らならましと、此件を見る毎に、胸打塞り切歯《はぎしり》せざりしことなし」「年治世になき後なるとも、一度仏の邪毒を掃ひ、清々《すがすが》しく世をきよめむことこそ、ねがはしけれ」など、注釈にも色濃く現れている。特に蘇我馬子や聖徳太子への評価は厳しく、崇峻天皇の暗殺は「二馬」（厩戸と馬子）に責任があると難じるなど、他に類をみない『日本書紀』の注釈である。

そのような『日本紀標註』であるが、百済王の上表は『最勝王経』に典拠を持ち、後代に手が入れられたことをはじめて問題にした。

○我法東流は、大般若経功徳品に、我滅度已後《いご》時後分後五百歳、於㆓東北方㆒当《まさに》広㆓流布㆒云々。年治按に此上表百十九字は、恐クは推古天皇後に追ヒ作リたるものを、親王是を信じ、百済王の真の上表ならむと、ゆくりなく撰入たるこそ疑はしけれ。此表中に是法於云々とあるを見るべし。抑《そもそも》最勝王経は、唐に飜訳せし物にて、此天皇の十三年は、梁ノ元帝と云フ国王の、承聖元年に当り、唐の初代より数へても六十五六年前なるをや。是を以て此れ上表と云フ物の偽作なることを知るべし。猶《なお》云フべきこと多かれど略。

右に挙げたのが年治の意見である。聖明王の上表（六世紀）に典拠となる仏典（八世紀の訳出）を指摘し、時代が合わないために上表そのものは推古朝以後に追って作られたものに過ぎず、「親王」（『日本書紀』編纂を総裁した舎人親王）の誤った判断で上表文が『日本書紀』に採録されたと説いたのであった。年治は仏教を忌みながらも、研究のためには仏典を読破し、古典の注釈に活かしたのであろう。

潤色と出典論

『最勝王経』による潤色がいつであったかはさておき、ここでは敷田年治が典拠の指摘から『日本書紀』の編纂について論を展開していることを注意しておきたい。これは『日本書紀』の出典論にいつもつきまとう問題だからである。『日本書紀』の文章は漢語漢文によって書き記されている。漢字を使用しながら和語で綴った『古事記』とは、この点で対照的である。『日本書紀』がまとめられた八世紀には、公的な文章といえば漢語漢文であり、それも中国古典などを踏まえた文章なのである。したがって『日本書紀』の文章の背後にあるそれぞれの漢籍典拠を探ることが、江戸時代以来続いてきた。『日本書紀』の出典論である。尾張藩士・河村家で培われた『日本書紀』研究は、漢籍出典の面から『日本書紀』の本文を検討した業績であり、表現のレベルで類《るい》書《しょ》による潤色を追究した小島憲之《こじまのりゆき》（一九一三―九八）の研究にもつながる有力な研究方法である。

ところが歴史記録が中国古典によって潤色されている場合、書き記された内容が果たして事実であるのかを見極める必要が生まれてくる。極端な場合、漢籍の文章を切り貼りしたのみで、実際にはなかったことを書いているのではないか、との疑いが抱かれるのは仕方がないのかもしれない。ただしそれでも、『日本書紀』の記述がまったくの「偽作」なのか、それとも事実があっての「潤色」であるのかは別の議論が必要である。「潤色」即「偽作」とするのは、あまりに乱暴すぎる。同じ論法を適用すると、『続日本紀』の漢文詔勅でさえ事実性が疑われてしまうだろう。ただ敷田年治が仏教伝来記事の典拠（唐・義浄訳『最勝王経』）の指摘を通して、出典論が及ぼす『日本書紀』の史料性をいち早く問題にしたことは評価しておきたい。

阿弥陀池と善光寺

敷田年治は大阪の北堀江《きたほりえ》（大阪市西区北堀江）に住んでいた。敷田年治の門人であり熱心な支援者であった北堀江の檀那衆が年治を堀江に招いたのである。『日本紀標註』を刊行した小林林之助《こばやしりんのすけ》は、大阪土産として知られる菓子「岩おこし」の「あみだ池大黒」主人であった。

面白いことに堀江は、物部尾輿《もののべのおこし》らが仏像を流し棄てた「難波の堀江」とされてきた。縁起では、棄てられた阿弥陀仏（『日本書紀』では釈迦仏）は光を放つ奇瑞を示し、救い出

図16　戦前の阿弥陀池（絵はがき）

されて信濃に運ばれ、善光寺《ぜんこうじ》が創建されたと語られている（『扶桑略記』欽明天皇十三年十月）。そのため堀江には善光寺大本願と同じ浄土宗の尼寺（和光寺《わこうじ》）があり、棄てられた仏が出現したとされる阿弥陀池《あみだいけ》がある（図16）。

実際の堀江は元禄年間（一六八八―一七〇四）の新開地で、『日本書紀』の「難波の堀江」とは場所が違う。和光寺も堀江の開発に際して創建され、興行が許された堀江を代表する寺院として大阪名所に数えられていた。近世都市大坂の周縁が開発された際、土地の由緒を物語るものとして、広く知られた仏教伝来の伝承に結びつく史跡が創造されたといえるだろう。東国を中心として広く信仰を集めていた善光寺の創建縁起にしても、百済から伝来した日本最古の仏が本尊であるとの主張に価値が見出されていたに違いない。『日本書紀』の記事が史跡のよりどころとされた例である。

ともあれ、あれほど仏教を忌避した敷田年治の近辺に、仏教伝来に関わる故地があったのは皮肉な巡り合わせである。

百済史書と書記官たち

百済史書とその成立

引用された百済史書

ここまで五・六世紀の対外交渉に焦点を合わせて、よく知られる倭の五王の記録・仏教伝来記事を読み返してきた。東アジアの動向を意識しながら、『日本書紀』の記述の裏づけを取る作業を試みたわけである。

このようなことが可能であるのは、『日本書紀』そのものに対外関係の記事が豊富に含まれているからである。とくに百済の動静は詳しく、分註として引用された「百済記《くだらき》」「百済本記《くだらほんぎ》」が『日本書紀』の叙述に貢献したであろうことは明らかである。書名を明記した直接引用だけではなく、その他の朝鮮半島関係記事についても、『日本書紀』は百済史書をそのまま採用して本文としたものが多いとされる。

『日本書紀』が歴史書であるために必要な年代は、ふたつの素材史料から得られる。ひとつは天皇紀の骨組みとなる「帝紀」（日嗣）である。歴代の系譜情報であるので、即位年・在位年数など史書に必要な年代表示を決定する役割がある。『日本書紀』にはもうひとつ、記事内容に年代を与えることのできる素材史料があった。それがいま話題にしている百済に関する記録である。

それでは『日本書紀』にとって百済史書とは、どのような意味を有する文献なのであろうか。ここで百済に関する記録の性格を考えてみたい。

ひとくちに百済史書といっても三種類あり、『日本書紀』は「百済記」「百済新撰《くだらしんせん》」「百済本記」を分註で引用している。とくに「百済本記」は詳細な編年を持つ文献である。これらは『日本書紀』が引用したのだから、『日本書紀』に先行して成立していた歴史書なのである。もはや『日本書紀』以外にみることができない史書でもあり、引用された箇所が特定の時代に偏ることも特徴である。

百済記（神功皇后四十七年・神功皇后六十二年・応神天皇八年三月・応神天皇二十五年・雄略天皇二十年）

百済新撰（雄略天皇二年七月・雄略天皇五年七月・武烈天皇四年七月）

百済本記（継体天皇三年二月・継体天皇六年七月・継体天皇九年二月・継体天皇二十五年・欽明天皇二年・欽明天皇五年二月・同年三月・同年十月・欽明天皇六年・欽明天皇七年・欽明天皇十一年・欽明天皇十七年）

『日本書紀』での百済系の史書は「百済記」「百済新撰」「百済本記」の順で現れ、「百済記」が五世紀、「百済本記」が六世紀をカヴァーするようである。「百済記」は日本を「貴国《きこく》」、君主を「天皇」（『日本書紀』神功皇后六十二年など）、「百済新撰」も日本の君主を「天皇」（『日本書紀』雄略天皇五年七月）と書いた箇所がある。このことから、百済史書は百済において独自にまとめられたものではなく、日本の朝廷に提出する意図があったと理解する点は、研究者の間で意見が一致している。

見解が対立するのはその成立時期である。現在まで六世紀の推古朝、七世紀末の天武・持統朝とするふたつの説がある。

有力なのは後者で、百済史書は百済滅亡後の六九〇年前後、日本に居住した百済王族によって天皇に進上されたと解されてきた。『日本書紀』には朱鳥元年（六八六）に百済王《くだらのこにきし》氏による天武天皇への誄、持統天皇五年（六九一）に百済王氏への優賞がみえ、この時点に天皇に臣従する百済王の歴史が呈上されたとみるのである。

天武・持統朝といえば、たしかに古代国家形成の画期と目され、日本国号・天皇号はこの時期に成立したとする意見は有力である。『日本書紀』に結実する修史事業のスタートも同時期であり、実際に「百済記」「百済新撰」の呈上は『日本書紀』の編纂と関わりを持つと考える人もいる。

ところが百済史書の成立を天武・持統朝とみる見解が大勢のなか、あえて和田萃氏が「推古朝に百済から渡来した人びとが、百済と倭国との交渉のいきさつや百済の歴史を史料にもとづいて記述し、倭国の朝廷に提出したものである可能性が高い」（和田萃『大系日本の歴史2　古墳の時代』）と書かれたのが注目される。私見は和田氏の見解に賛成で、六世紀に百済史書が出来たとする旧来の意見を捨て去ることはできないと思う。そこで「貴国」の語と仮名表示の古さ、この二点からもういちど百済史書の成り立ちを考えてみたい。

「貴国」をめぐって

まず第一に「貴国」である。『日本書紀』で「貴国」の語が現れるのは神功紀・応神紀の七例だけで、すべてが卓淳《とくじゅん》（慶尚南道昌《チャン》原《ウォン》）を仲介に百済と倭との通交が始まった内容に限られる。この七例には「百済記」の引用三例が含まれるから、『日本書紀』における「貴国」の語は「百済記」を直接・間接に引用したとみて間違いない（図17）。

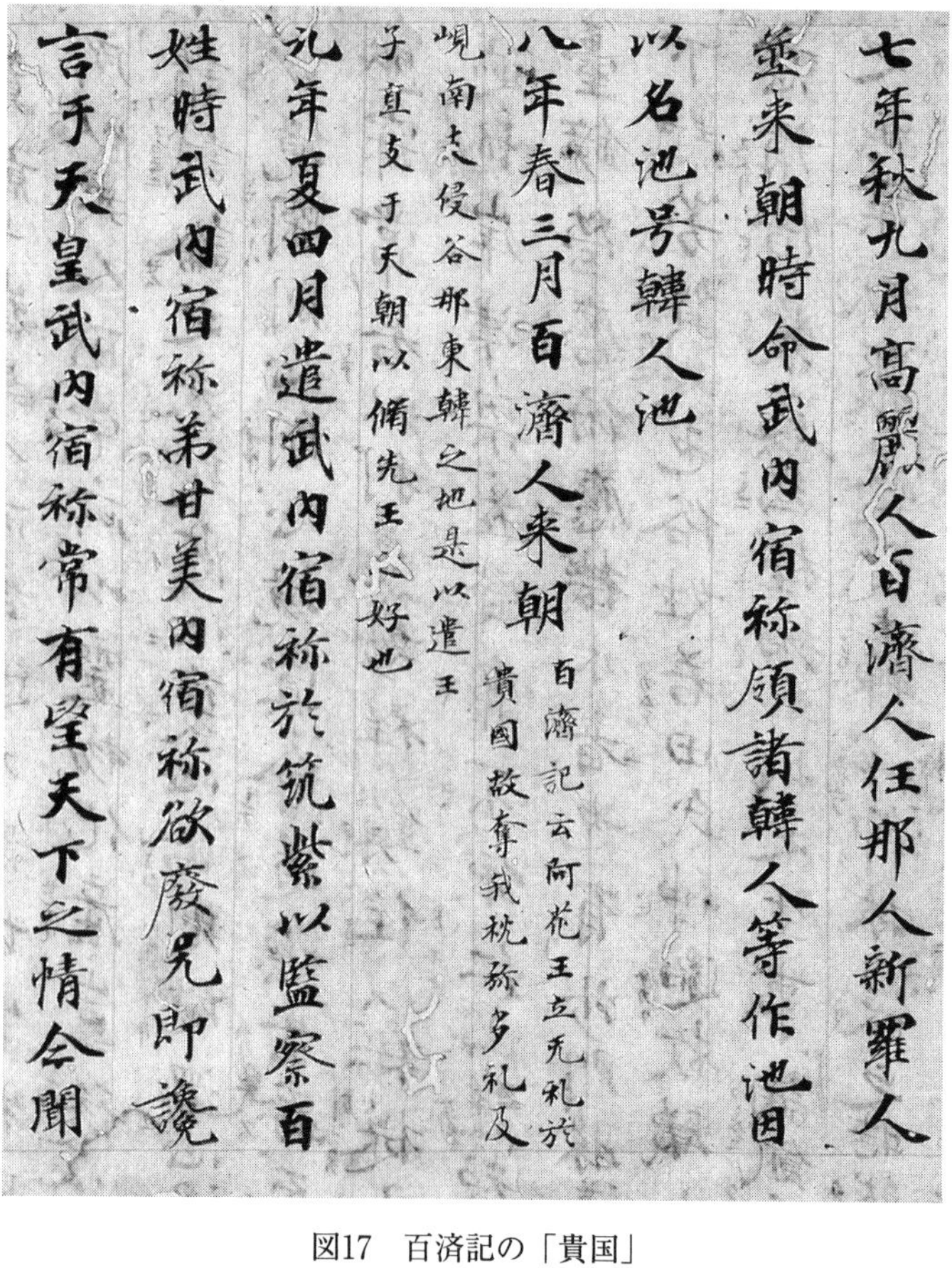
七年秋九月高麗人百濟人任那人新羅人
並来朝時命武内宿祢領諸韓人等作池因
以名池号韓人池
八年春三月百濟人来朝 百濟記云阿花王立无礼於貴國故奪我枕弥多礼及峴南支侵谷那東韓之地是以遣王子直支于天朝以脩先王之好也
九年夏四月遣武内宿祢於筑紫以監察百
姓時武内宿祢弟甘美内宿祢欲廢兄即讒
言于天皇武内宿祢常有望天下之情今聞

図17　百済記の「貴国」
（国宝『日本書紀』巻第十残巻，奈良国立博物館蔵／
画像提供 奈良国立博物館，撮影 森村欣司）

百済が独自にまとめた史書であれば、わざわざ日本（倭）を「貴国」と呼称する必要はない。これがために津田左右吉は、「百済記」には「日本の修史家」が加えた「潤色」があり、さらに「百済記」の本文までも捏造された箇所が多いと結論した。

一方で、『日本書紀』撰者は利用できた素材史料（この場合は「百済記」）を尊重しているとの立場を取る坂本太郎は、『日本書紀』は原文のままに取り上げていると考えた。「貴国」は「こびへつらったいやな称」であるものの、それは「百済記」そのままの語句であるとする。このような見解に立てば、百済が迎合的な呼称を採用した理由を考えねばならず、結果坂本説では、「百済記」をはじめとする百済史書は、百済が滅亡してから列島に渡ってきた人びとが、日本に仕えるために古記録にもとづいて作成した文書であるとした。

この坂本説を推し進め、百済史書には天武・持統朝の歴史的自己認識が表現されていると理解したのが山尾《やまお》幸久《ゆきひさ》氏である。百済史書の本質は、「貴国」の天皇に臣従する「蕃国」百済の奉仕由来を書き記したものというのである。

いずれにせよ「貴国」の呼称に特別な意味を見出し、それが原史料の語なのか『日本書紀』の潤色なのかにより、百済史書の成立時期が左右されることがわかるだろう。

しかし、この「貴国」は外交文書で使用される語である。『日本書紀』以外の六国史に範囲を広げて「貴国」の用例を集めると、渤海《ぼっかい》から日本に進められた外交文書（渤海王啓《けい》・中台省牒《ちゅうだいしょうちょう》）に行き当たった。日本を「貴国」と呼ぶ渤海王の啓では、「貴国と弊邦《へいほう》とは、天海阻《へだ》つと雖《いえど》も、封を飛ばし幣を転じ、風義是れ敦《あつ》し」と述べた一節が見いだされる（『日本後紀《にほんこうき》』弘仁十二年十一月乙巳条）。日本は「貴国」、渤海は「弊邦」である。下って十二世紀の例であるが、南宋が高麗を「貴国」と呼んだ例もある（『宋史』外国伝　高麗）。

近年は国書《こくしょ》（外交文書）の検討が活発であるので、今後はそれらの方面から特有の字句について研究が進展することを期待したい。ただ現時点で右に挙げた諸例に照らすならば、やはり「貴国」の称は、外交文書にみえる二人称的な意味を出ないのではなかろうか。「貴国」とは、「こびへつらったいやな称」なのではなく、〈あなたのお国〉といった程度の外交儀礼上普通に使用された語とみておく。

百済史書のうち「百済記」だけが「貴国」の語を用いていること自体は重要で、百済人の立場で日本の朝廷に提出した文献であることは揺らがない。「貴国」や「天皇」「日本」の語は、『日本書紀』編纂の最終段階で書き改められたとみる意見もあるだろう。だが『日本書紀』が百済史書を採用するに当って示した態度は、原資料である百済史書を尊重するものであり、みだりに手を加えたとは考えがたい。「貴国」について「日本の修史家の潤色」とみた津田左右吉の意見に対して、三品彰英の批判は「想うに、書紀撰者よりも博士がより一層潤色主義者ではなかろうか」と、痛烈である。

百済史書の字音仮名

第二は仮名表記である。百済史書が記す固有名の仮名表記は非常に古風なのである。例示すると次のようになる。

沙至比跪《サチヒコ》（葛城襲津彦《そつひこ》／神功皇后六十二年の「百済記」）
枕弥多礼《トムタレ》（耽羅《たむら》／応神天皇八年三月の「百済記」）
委《やまとの》　意斯移麻岐弥《オシヤマキミ》（穂積臣押山《おしやま》／継体天皇七年六月の「百済本記」）
加不至費直《カフチノアタイ》（河内直《こうちのあたい》／欽明天皇二年七月の「百済本記」）

かつて木下礼仁《きのしたれいじん》がこれら百済史書の字音仮名を検討し、飛鳥時代の金石文で使用された仮名表記と一致すると述べ、百済史書は推古朝に成立したと結論された。この検証は高い意義を持ち、百済史書の研究史上もっと評価されてよい。

もちろん百済史書の表記が特異なものであることは、七世紀末の亡命百済人が古い百済の記録を用いて史書をまとめたと解釈できないことはない。だがそのような文献を亡命百済人がまとめ、『日本書紀』が採用しなければならない理由までを説明することができないのではなかろうか。なぜならば百済滅亡後の亡命人にとっては、六世紀以前の百済と倭との古い交渉史よりも、唐・新羅によって百済が滅ぼされ、倭国の支援をうけた抵抗運動も白村江の敗戦で潰えさった七世紀史のほうが重大な事件で、日本の朝廷に仕える原因となった歴史であるはずだからである。

以上のような私見を京都に拠点のある日本史研究会で報告した際、質疑の場で有益な提起をいただいた。百済史書のうちで「百済本記」は実録として整った内容・書式を備えているとの指摘、「百済記」では朝鮮漢文に多くみられる不読の文末辞《ぶんまつじ》「之」（文章の終わりを示す記号的なもの）が特徴的であるとの意見などである。質疑を通じて、これまで百済史書と総称してきた「百済記」「百済新撰」「百済本記」をきちんと区別し、それぞれの個性を掘り下げるべきであることに気づかされた。

そこで反省もこめて、この点について現在考えるところの推測を述べたい。

「百済本記」

三品彰英は『朝鮮学報』に掲載された短い文章の中で、「百済本記」の成立時期の絞り込みを試みている（三品彰英「『百済本記』の撰術年代について」『朝鮮学報』三六、一九六五年十月）。すなわち「百済本記」が『日本書紀』に引用された上限は継体天皇三年（五〇九）二月の「久羅麻致支弥《くらまちきみ》、日本より来る」、下限は欽明天皇十七年（五五六）正月の「筑紫君の児、火中君の弟」である。そこで「百済本記」は聖王（在位五二三―五五四）の時代までを対象とした史書であり、威徳王《いとく》（在位五五四―五九八）の在位中に撰述されたというのである。

三品説には説得力がある。聖王（聖明王）・威徳王父子は日本との関係が深く、四十年以上在位した威徳王代において、聖王の戦没までの百済・日本の交渉史をまとめた可能性は充分考えられる。

「百済本記」は正格漢文で書かれ、月日と日の干支を備えていた。「百済本記」に二箇所みえる日付の干支（三月十二日辛酉・四月一日庚辰、いずれも欽明天皇十一年に引用）が、六世紀当時の百済で使用されていた元嘉暦《げんかれき》に拠っていることも肝要だろう。編年史書としての体裁は三件の百済史書のうちで最も整っている。

内容面でも高句麗の内紛なども記載し、百済の視点に立ちながら、より広範な事件を叙述していた。次にその例を挙げる。

百済本記 に云はく、「十二月甲午、高麗国《こまのくに》の細群《さいぐん》と麁群《そぐん》と、宮門に戦ふ。鼓を伐《う》ちて戦闘せり。細群敗れて兵を解かざること三日、尽《ことごと》く細群の子孫を捕へ誅《ころ》す。戊戌、狛国《こまのくに》の香岡上王《こうこうじょうおうこう》薨ずと」といふ。（『日本書紀』欽明天皇六年是歳の分註）

> 百済本記 に云はく、「高麗《こま》、正月丙午を以て中夫人《ちゅうふじん》の子を立て王と為す。年八歳。狛《こま》王に三夫人有り。正夫人は子無し。中夫人は世子を生む。其の舅氏《きゅうし》は麁群なり。小夫人は子を生む。其の舅氏は細群なり。狛王の疾篤《やまいあつ》きに及び、細群・麁群、各《おのおの》其夫人の子を立てむと欲す。故に細群の死者二千余人なり」といふ。（『日本書紀』欽明天皇七年是歳の分註）

欽明紀には是歳条で国外関係の記録をまとめて掲げる箇所がいくつかあり、右に挙げた高句麗の政変もそれにあたる。「香岡上王」（安原王《あんげんおう》、在位五三一―五四五）の後継をめぐる外戚たちの争いは凄惨で、「死者二千余人」を数えた。ところがこれほど大きな事件が『三国史記』では見当たらず、「百済本記」だけが伝える独自情報である。この時期の高句麗は百済とも交戦していたから、高句麗の内紛は百済にとっては関心ある海外情報であった。

ちなみに欽明紀の写本、卜部兼右本（天文九年書写）には、「狛王」にコクオリコケ、「夫人」にヲリクク、「世子」にマカリヨモなど、高句麗語らしき訓が付されている。事件の記録とあわせて「百済本記」の価値を高めるものである。

安原王没後の大乱は五四五年十二月甲午（二十日）・戊戌（二十四日）から翌年正月丙午

（二日もしくは三日）にかけておきた一連の事件である。ところが『日本書紀』は律儀にも年ごとに「百済本記」の記事を切り分けて、国内記事をまとめる是歳条に配したのである。編年体で叙述された「百済本記」の原姿が摑める直接引用である。

「百済記」

そこからさかのぼって「百済記」「百済新撰」の成立についてはどうであろうか。「百済記」は文末辞「之」の多様が示すように、朝鮮半島での漢文としての性格が色濃い。文体だけではなく内容についても、葛城襲津彦と思われる「沙至比跪」が新羅の美女に籠絡されて使命を遂行しなかったことなど（神功皇后六十二年）、物語的な内容も特徴である。文体・内容ともに「百済本記」と比べて古いと判定できる。

また百済三書のうち「貴国」の語がみえるのは「百済記」だけであった。日本側への提出した文書としての性格は「百済記」が濃厚に有している。純然たる編年史書「百済本記」とはひとくくりにできない史書（あるいは文書）であるかもしれない。

百済記に云はく、「木満致《もくまんち》は、是れ木羅斤資《もくらこんし》、新羅を討ちし時に、其の国の婦《おみな》を娶《めと》りて生めるなり。其の父の功を以て、任那《みまな》に専《もはら》なり。我が国に来入し、貴国と往還す。制を天朝に承《うけたまわ》り、我が国の政を執る。権重きこと世に当れり。然《しか》して天朝、其の暴を聞《きこ》しめして召したまふ」といふ。（『日本書紀』応神天皇二十五年分註）

右の引用は、木満致の召還の事情を記した部分である。『日本書紀』本書では、木満致が幼い百済王（久爾辛王《くにしん》）を差し置いて王母と密通し、専制を行ったために召されたとある。本書を補う分註「百済記」は、木満致の出自や百済・倭を越境しながら権勢を高めた傑物の横顔を伝えている。「百済記」の素材を木羅氏に求める見解もある（李根雨「『百済記』の主役」上田正昭編『古代の日本と東アジア』小学館、一九九一年）。

文中に二度見える「我が国」は百済であり、「百済記」の筆録は百済を「我が国」とする者によってなされた。「百済記」にはもう一箇所、百済を「我」と呼ぶ箇所があるが（応神天皇八年三月）、このような一人称は他の百済史書には見あたらない。「貴国」とともに「百済記」で顕著な特徴である。

「百済記」が『日本書紀』に引用された下限は雄略天皇二十年（四七六）で、四七五年の高句麗との戦闘によって蓋鹵王《がいろ》が敗死し、王都漢城が陥落した記事である。これは百済史にとっては大きな事件であり、従来からいわれているように、「百済記」は蓋鹵王の戦死をもって結尾としたのであろう。上限については不明な点が多いが、四世紀の日本と百済との通交が始まったことを冒頭において、日本と百済の交渉を書いた記録と考えておく。引用状況からみておよそ五世紀は「百済記」、六世紀は「百済本記」と住み分けている。

「百済新撰」

残るのは「百済新撰」である。「百済新撰」は雄略紀に二条、武烈紀に一条の計三条の引用があるだけで、百済史書のなかで最も手がかりは乏しい。また「百済記」とは対象とする時代（雄略朝）が重複することになる。しかしわたしは「百済新撰」についても百済側の歴史意識を反映し、対象範囲が決まっていたのではないかと考える。

「百済新撰」の一条目、雄略天皇二年七月引用の記事は「己巳年」（西暦四二九年）の紀年にかけ、日本の求めにより蓋鹵王が「適稽女郎《チヤクケイエハシト》」を天皇に献じた記事である。この女性は『日本書紀』本書では「池《いけ》津《つ》媛《ひめ》」とあり、石河楯《いしかわのたて》に通じたために雄略天皇の怒りを買い、焼き殺された。

これだけでは雄略紀によく見える采女《うねめ》の説話に似通う。しかし「適稽女郎」の話には続きがある。この事件によって蓋鹵王はもはや女性を天皇に送るのを嫌い、かわりに「辛丑年」（西暦四六一）に王弟である「昆支君」を派遣した（雄略天皇五年七月の「百済新撰」）。そして「琨支」（昆支）が日本に遣わされたとき、連れ添っていた女性が筑紫で生んだのが「斯麻王」、すなわち武寧王だとする（武烈天皇四年是歳の「百済新撰」・系図3）。

つまり『日本書紀』が引用する「百済新撰」はひとつづきの話で、倭国の支援によって

系図3　六世紀の百済王系図

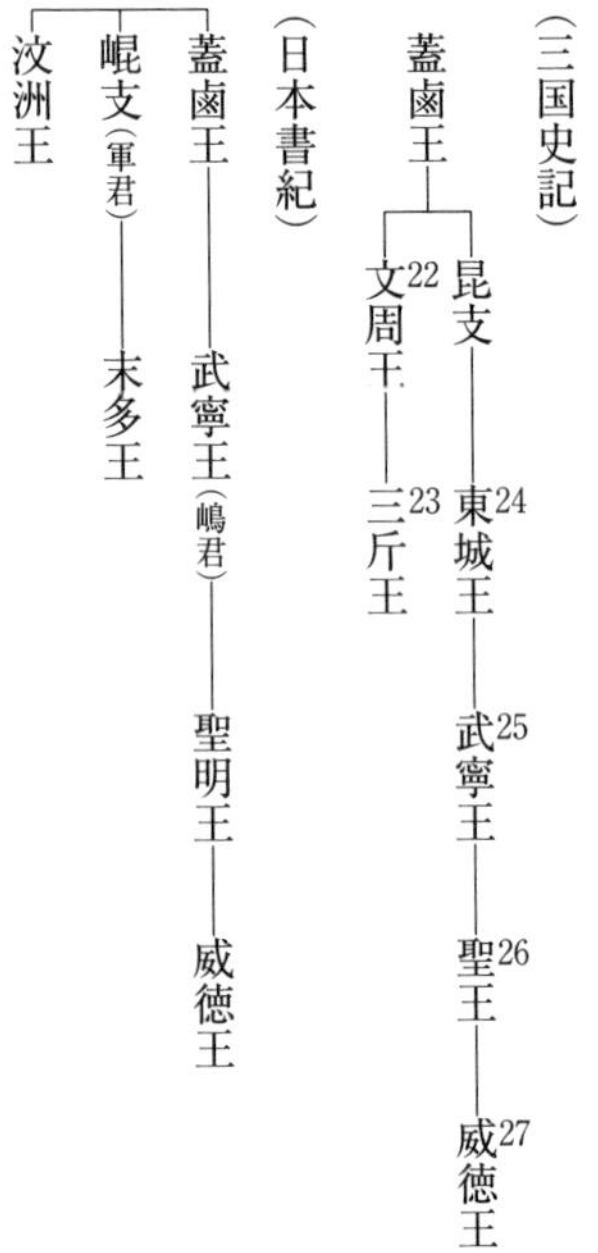

再興した百済の王位継承、その間の倭国とのあつれきを記述するのである。「適稽女郎」の話は、武寧王の出自に関わる即位前紀のようなエピソードなのであろう。そうすれば「百済記」と「百済新撰」で対象とする時代（雄略朝）が重複しても、主題では違うことになり、目的の違うふたつの史書といえる。

以上のように考えると、「百済新撰」は蓋鹵王以後、聖王以前の百済と日本の交渉を記述していたとの見通しが立つ。上限は雄略天皇が汶洲王（文周《ぶんしゅう》王、在位四七五―四七七）を支援して百済が再興された時期、下限は「百済本記」が対象とした時代以前とみる。

百済史書の成立順序

百済史書の成立順序についても考えておこう。「百済本記」が威徳王代にまとめられていたとすれば、「百済本記」よりローカルな漢文表記を採用する「百済記」は当然、それよりも古い段階に成った文書と考えてよい。

内容面からもこの見通しを裏づけられる。ひとつは百済が高句麗に敗れ漢城を失陥した事件、もうひとつは百済が加耶諸国と関係を結ぶことになった起源につき、欽明紀において回顧された箇所がある。

まず四七五年の蓋鹵王敗死は、五世紀の倭国にとっても大事件であったため『日本書紀』雄略天皇二十年から二十一年春三月にかけて記載があり、「百済記」が分註に引かれている。同じく百済が危機に瀕した五五四年の聖王戦死についても『日本書紀』は詳細であり、欽明紀は「百済本記」を下敷きに朝鮮半島の動静を書きとめたと理解されてきた。

そして欽明天皇十六年二月条では、聖王の死を報じた百済王子恵《けい》に対し、日本側の蘇我《そが》卿《きょう》が「天皇大泊瀬《おおはつせ》の世」に百済が高句麗に敗れて危機に陥った事件を振り返っている。「百済本記」を利用した欽明紀の記事（B）は五世紀の事件、すなわち「百済記」を含む雄略紀の内容（A）が踏まえられている。

また百済の聖明王が加耶諸国との関係維持を目的とし、安羅《あら》（慶尚南道咸安《ハマン》・図18）の首長らを招いて会盟したことがある（いわゆる「任那復興会議《みまなふっこうかいぎ》」の第一回）。このとき百済は「昔我が先祖、速古王《そくこおう》・貴首王《きしゅおう》の世」から安羅《あら》・加羅《から》・卓淳《とくじゅん》と友好を結んできたと呼びかけた（欽明天皇二年四月）。

図18　咸安の古墳群（竹本晃氏撮影）

聖明王の語り（B）は百済が加耶との歴史的関係の深さを強調し、新羅が影響力を及ぼしつつある加耶の国々を百済側に引きとめるための政治的言説なのであるが、そこで回顧されているのは、百済と倭（日本）が新羅を撃って安羅など加耶の七国を平定した神功紀の伝承（A）である（神功皇后四十九年三月）。神功紀の朝鮮半島記事は「百済記」を利用して記述され、「其の王肖古《しょうこ》と王子貴須《きしゅ》」が登場するため、これら欽明紀の記事は「百済記」に拠った神功紀の内容を前提にしている。

A蓋鹵王の敗死　（雄略紀／百済記）……B蘇我卿の発言（欽明紀／百済本記）

A加耶の平定　（神功紀／百済記）……B聖明王の発言（欽明紀／百済本記）

以上の六世紀の二つの事件（B）では、五世紀以前の出来事（A）が回顧されていた。これを素材史料から解釈すれば、（B）「百済本記」のもとづく条文が、（A）「百済記」に拠った記事を引用した関係にある。したがって「百済本記」は「百済記」の後に成立したと考えられる。

「百済新撰」については手がかりが乏しいのだが、「新撰」との書名や漢城陥落後の百済史を描くことから「百済記」を前提にして著されたとみるのが穏当であろう。それで三つの百済史書の成立は、「百済記」「百済新撰」「百済本記」の順であったと推測する。

整理すれば次のようになる。「百済記」は四世紀代の百済と日本との交渉開始から四七五年の漢城陥落までを扱い、古代の朝鮮漢文によくみられる文末辞「之」の使用が認められた。「百済新撰」は熊津《くまなり》における百済の再興を扱い、日本の支援を受けて即位した東城王・武寧王の王位継承が主題である。「百済本記」は六世紀の聖王の時代を扱い、暦日を備え正格漢文で書かれた。三件の百済史書は対象とした時代・歴史叙述のスタイルとともに個性があるのであり、今後は区別して論じることが必要であろう。

記録・伝承をつかさどるもの

編纂史としての考察

百済史書個々が対象とした範囲について推測を述べた。また三件の史書がまとめられた時期は、天武・持統朝とする通説よりも、推古朝とみる旧来の説に賛同する理由も説明した。では『日本書紀』と百済史書の関係は、そもそもどのように理解すればよいのだろう。

『日本書紀』は通常考えられてきたよりも歴史的な書物である。「歴史的な書物」とは、何世紀にもわたって形成された記録・伝承が組み込まれ、複雑な成り立ちをしたという意味で述べている。そのような書物の性格を考えるとき、最終段階の編纂を注視するだけでは答えが見いだせない。完成時に視点を固定して『日本書紀』をテキストとして読むアプローチだけでは、『日本書紀』の姿を捉えることに限界があると思うのである。書物としての『日本書紀』がまとめられる以前に存在した記録の形成・伝承の展開を説明することは、決して無意味ではない。天武朝に始まる『日本書紀』編纂の背後には、おそらく何世紀にもわたる諸文書の編纂の歴史があったことであろう。分註が書名を明示して引用する諸文書こそは、『日本書紀』の誕生を編纂史として考察するうえで格好の題材なのである。

『日本書紀』が参照した文献は、表現として利用された事例と直接引用された場合で分けて考えるべきで、表現として利用が出典論の課題であるのに対し、直接引用された文献は分註の検討になる。そして書名を挙げて引用された文献は『日本書紀』のなかで尊重されているとの研究を受け止めると（毛利正守「日本書紀冒頭部の意義及び位置付け―書紀における引用と利用を通して―」『国語と国文学』八二―一〇、二〇〇五年十月）、『日本書紀』に先行して特定の歴史書があり、しかも書名を明示して引用されていることは、じつに重大ではないか。

『日本書紀』は五・六世紀史の叙述において朝鮮諸国に対して特別な関心を寄せた。それも独自の記録・伝承というよりも、分註による直接引用・本文に取り込んでの間接引用を含め、全面的といえるまで百済史書によりかかって歴史を叙述する。武烈紀・継体紀において倭国内の記事と直結しない百済の王位継承を記述したのが明らかな例で、岩橋小彌太《いわはしこやた》がもらした「これでは日本書紀ではなく、百済書紀といふべきである」との感想は率直である。日本で最初に勅撰による歴史書が誕生したとき、結果としてこれほど対外交渉を採り上げることになった背景には、どのような事態が想定されるであろう。

『日本書紀』に結実する歴史書の編纂事業を編纂史として長い視野で考える場合、欽明朝の「日嗣」（帝紀）整備を受けて、聖徳太子の「天皇記」「国記」は成書された史書編纂として次の段階に入る。七世紀前半の推古朝において着手された「天皇記」「国記」の編纂は、この時期の東アジア諸国との対外交渉（百済、高句麗、隋、新羅）を通じて自覚された国家意識の高揚を背景とし、一方では王権を構成する有力王族（聖徳太子）・外戚氏族（蘇我氏）の立場を明らかにする国内向けの意義も存在したであろう。

ただし聖徳太子・蘇我馬子は史書編纂の監修者であっても直接の執筆者とは考え難い。編纂の実務を担った者がいるはずである。それは誰か——わたしは百済系の書記官（フミヒト）と考える。

伝承資料が筆録され、書物としての歴史をまとめることが可能になるには、文字記録を専門に扱う官吏が出現していることを前提とする。

書記官の出現

『三国史記』から百済の場合を参照すると、近肖古王《きんしょうこ》（在位三四六―三七五）の代までは「百済開国以来、文字を以って事を記さず」という状況で、この王代に至って「博士高興《こう》」を得たため、はじめて書記が行われたとある。

近肖古王とは四世紀に実在した百済王であり、咸安二年（三七二）に東晋へ使節を派遣した「百済王余句《よく》」に該当する（『晋書』簡文帝紀）。また倭（日本）との交渉を始めた最初の百済王として記憶され、『日本書紀』では神功皇后五十五年（二五五）に「百済肖古《しょうこ》王薨《こう》ず」と記される（百二十年引き下げて神功紀の紀年を修正すると、近肖古王の薨去は西暦三七五年）。

百済が草創以来文字を使用しなかったというのは伝承であるので、いくぶん割り引くにしても、近肖古王から文字記録が始まったとされるのは、やはり中国王朝との外交を結んだことが鍵である。「博士」の存在も東晋への通交と無関係ではないだろう。中国王朝との通交を通じて自国の記録が整えられ、「博士」のような文字使用に習熟した官吏、あるいは書記官が現れたのである。

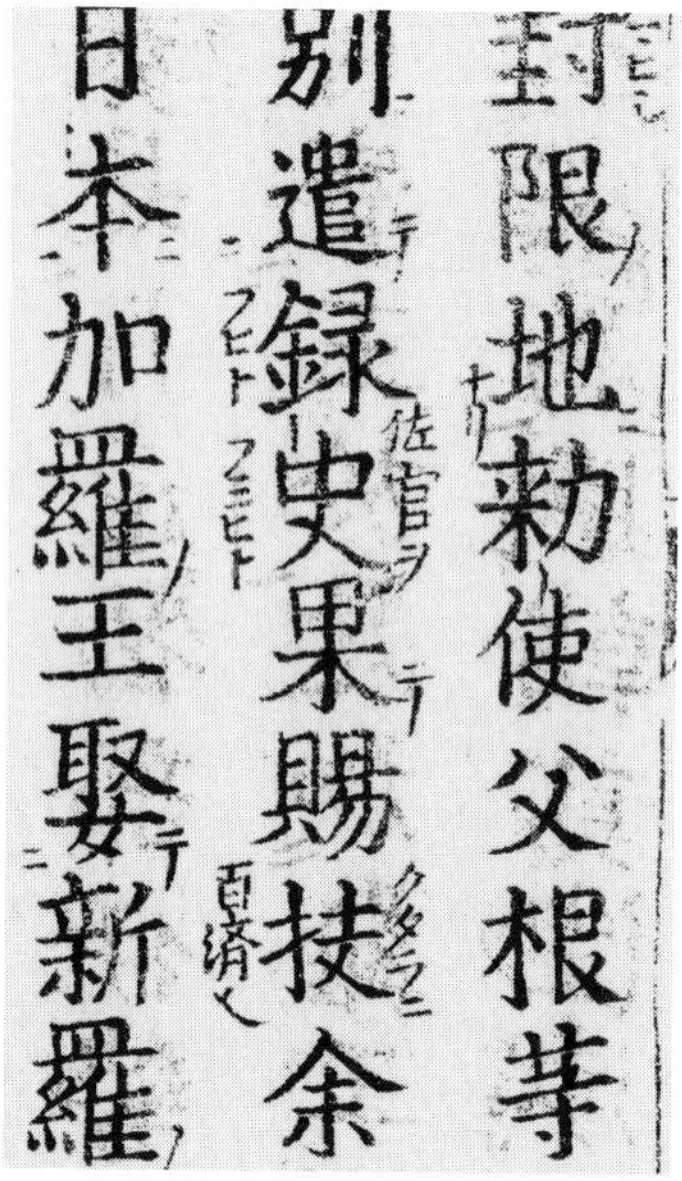
封限地勅使父根等
別遣録史果賜扶余
日本加羅王娶新羅

図19　継体紀の「録史」（寛文板本）

日本列島においても文書や記録を書き記し、また読み解くことを職務とした「史」（フミヒト／フムヒト）が存在した。フミヒトは「史」「録史」などの語に訓としてあてられた和語で、文字どおり書を読む人（書人・文人）である。漢字本来の意味でも、「史」とは君主の言行を記録する者、書記官を指す。「録史」は律令官制で第四等官に配され、公文書の起草と点検・書き写しや読み上げを職務としたサカン（佐官・主典）のことである（図19）。

そもそも令制第四等官をサカンと訓むのは和語ではない。「史官」の韓音がサカン（サクヮン）なのである。

もうひとつ「博士」の訓もフミヒト・フヒトであった可能性が指摘されている（東野治之「大宝令前の官職をめぐる二、三の問題―大・少納言、博士・比売朝臣―」『長屋王家木簡の研究』、塙書房、一九九六年、一九八四年初出)。「博士」は学問に通じた知識人、大学寮に属した律令官名のイメージが強いが、五経博士・易博士・書博士・医博士(欽明天皇十五年二月)はともかく、鑪盤《ろばん》博士・瓦《かわら》博士(崇峻天皇元年是歳)のように、寺院を造営する技術者も「博士」と呼ばれている。古代氏族の大原史《ふひと》を「大原博士」と表記する金石文の例(法隆寺観音菩薩造像記)に照らすと、博士の訓がフヒトであったとの説は説得的である。

つまり「博士」「史」「佐官」は同根の言葉なのであった。しかもフミヒトの多くは渡来人、それも百済出自を称する人びとによって編成されていたことが注意される。

倭王権と書記官

倭王権が渡来系の書記官を編成し、集団に姓《かばね》「史」を与えた時期は七世紀前半とするのが現在の通説である。たとえ「史」の姓についてはそうであっても、フミヒトに相当する書記官単独での活動ならば、さらに時代をさかのぼって活動していたとみるのが自然である。倭国と大陸・半島との間での文書による外交渉を考えたとき、百済の「博士高興《こうこう》」のような文字記録をつかさどる専門家の役割が不可欠になるからである。倭王讃《さん》に遣わされて宋に赴いた「曹達《そうたつ》」、江田船山古墳《えたふなやまこふん》出土大刀で銘文を書いたとある「張安《ちょうあん》」などは、文筆を以って倭王権に仕えた渡来人のさきがけとみなすことができる。

『宋書』夷蛮伝に載せる昇明二年（四七八）の倭王武の上表文についてもそうである。倭国にとっての中国南朝との通交は、半島をめぐる高句麗との対抗という現実課題に対応したもので、高句麗が朝貢を妨げているとして討伐を乞うわけであるが、倭王が先祖の業績を漢語漢文で書記し、宋皇帝の「王道を融泰」ならしめるため奮闘してきたとアピールする文章は誰が起草したのであろうか。

倭王武の上表文は『魏書』百済伝にみえる延興二年（四七二）の百済王慶《けい》（蓋鹵王）の上表文と出典の面で共通することが手がかりになる。時期的にも近接し同盟関係にある倭・百済の外交文書がきわめて似通うのなら、それを起草した者に共通性が認められることだろう。倭王武の上表文を起草しうる人物は、やはり渡来系知識人、それも百済に関係が深いとみて大きな誤りはない。

『日本書紀』の側では、雄略天皇から「愛寵」をこうむったと特記された「史部《ふひとべ》」身狭《むさの》村主青《すぐりあお》・檜隈民使博徳《ひのくまのたみのつかいはかとこ》が候補に挙がる。身狭や檜隈は渡来系氏族が多く住んだ大和国高市郡の地名であり、「史部」は文書・記録にたずさわった集団を指す。身狭村主・檜隈民使が雄略天皇の寵臣とされた理由を考えれば、二人が「呉」（江南、中国南朝）に派遣された履歴は押さえておくべきなのである。

大王の宮廷に原初的な官制が組織され始めた五世紀代において、渡来系の書記官はその一端を担う存在であった。当初は大王との個別的な関係（愛寵）によって書記官が登用され、継続的に外交に関与していたのであろう。

やがて加耶をめぐる新羅との角逐を経験し、国政を整える段階――百済の復興を支援した見返りに新たな渡来人を迎えた六世紀代、欽明朝において、編成された書記官が制度として固定されてゆくのであろう。

「鳥羽の表」と王辰爾

六世紀の百済系書記官には、著名な説話が伝わっている。

欽明天皇三十一年（五七〇）、高句麗の使節が越《こし》に来朝した。高句麗から倭国への外交使節で確実なものはこのときがはじめてとされ、半島で新羅が台頭する国際情勢の変化が、倭国と高句麗の接触に反映した。しかし欽明天皇は高句麗使と会うことなく崩じ、後を承けた敏達天皇が表疏《ひようそ》（国書）を受け取った。そのときのことである。

丙辰、天皇、高麗《こま》の表疏を執り大臣（蘇我馬子）に授け、諸《もろもろ》の史《ふひと》を召し聚《あつ》め、読み解かしめたまふ。是の時に、諸の史、三日の内に皆読むこと能《あた》はず。爰《ここ》に船史《ふなのふひと》の祖、王辰爾《おうじんに》有り。能《よ》く読み釈《と》き奉る。是に由りて天皇と大臣と、倶《とも》に讃美したまひて曰はく、「勤《いそ》しきかも辰爾。懿《よ》きかも辰爾。汝若《も》し学ぶることを愛《この》まずあれば、誰か能く読み解かまし。今より始めて殿中に近侍せよ」とのたまふ。既にして東西《やまとかわち》の諸史に詔して曰はく、「汝ら習へる業《わざ》、何の故に就かざる。汝ら衆《おお》しと雖《いえど》も辰爾に及ばず」とのたまふ。また高麗の上《たてまつ》れる表疏、烏《からす》の羽に書す。字、羽の黒き随《まにま》に、既に識る者無し。辰爾乃《すなわ》ち羽を飯気《いいのけ》に蒸して、帛《ねりきぬ》を以ちて羽に印《お》して、悉《ことごと》く其の字を写す。朝庭悉《ことごとく》に異《あや》しむ。（『日本書紀』敏達天皇元年五月）

右の記事は「烏羽《うば》の表」と呼ばれる説話で、船史の始祖伝承に由来したとみられる。「お前たちは人数が多いといっても、辰爾には及ばないではないか」と叱責された「東西の諸史」（東漢氏《やまとのあやうじ》・西文氏《かわちのふみうじ》）を引き立て役に、高句麗の国書を読解することができた王《おう》辰爾《じんに》が「勤しきかも」「懿きかも」と賞讃されている。

烏の羽に墨書した外交文書があって、蒸気で浮かせた墨を絹布に転写したとは、もちろん説話に違いない。しかし説話に象徴されたものとして、高句麗特有の朝鮮漢文が旧来のフミヒトたちでは読み解きがたく、しかし王辰爾にはそれが解釈できたのだとする推測がある。東アジアで共通の言語であった規範的な漢文に対し、固有の言語に影響され変改を受けた漢文（変体漢文《へんたいかんぶん》）の書記方法を想定した解釈であり、五世紀の倭国の事例で対比させると、倭王武の上表文が規範的な漢文、稲荷山鉄剣銘が変体漢文にあたる。中国という文明の周縁では多様な漢文表記が行われた。このことに照らせば理に合った意見である。

この王辰爾とは欽明紀にはじめて見える人物で、最初の登場は勅を受けた蘇我稲目《そがのいなめ》に命じられて船の賦《みつき》（税）を数え、このことにより船史《ふなのふひと》の姓を賜った記事である（欽明天皇十四年七月）。つまり欽明・敏達紀ともに船氏の始祖伝承であり、王辰爾は税や外交に関与する技能者なのである。

フミヒトの祖先伝承

フミヒトの後裔が語る先祖の来歴にも耳を傾けてみよう。延暦九年（七九〇）七月に津連《つのむらじ》真道《まみち》が菅野朝臣《すがののあそん》への改氏姓を求めた上表によると、真道はみずからの氏族の由来を述べ、さかのぼると百済の貴須《きしゅ》王の孫という辰《しん》孫王《そんおう》が祖であり、やがて味沙《みさ》・辰尓（辰爾）・麻呂《まろ》の三兄弟がそれぞれ葛井《ふじい》（白猪《しらい》）・船・津連に別れたと述べている（『続日本紀』延暦九年七月辛巳）。王辰爾は百済系の渡来人なのである。

辰孫王は『日本書紀』にみえない人物であるが、津真道の上表を読み進めると、応神朝に渡来して皇太子の師となり、はじめて書籍をもたらしたとされている。これは書首《ふみのおびと》氏（西文《かわちのふみ》氏）の始祖とされる王仁《わに》の伝承（『日本書紀』応神天皇十五〜十六年）と同じで、書記官として歴代奉仕した渡来系氏族には要素の共通する始祖伝承（百済王による派遣／典籍の将来／皇太子の師）があり、歴史書が編纂される時点で有力であった一群が始祖伝承を独占したらしい（請田正幸「フヒト集団の一考察―カハチの史の始祖伝承を中心に―」直木孝次郎先生古稀記念会編『古代史論集』上、塙書房、一九八八年）。

　したがって津氏の後裔による王仁伝承の利用をみるとき、王仁と人名まで似通う王辰爾の実在が疑われるかもしれない。だが戊辰年（六六八）に船王後《ふねのおうご》を埋葬したことを記す「船王後墓誌」には、たしかに王辰爾らの系譜が刻されている（図20）。

　惟《こ》れ船氏《ふねうじ》故王後首《おうごのおびと》は、是れ船氏の中祖王智仁《おうちに》首の児たる那沛故《なはこ》首の子なり。乎娑陀《おさだ》宮治天下天皇（＝敏達）の世に生まれ、等由羅《とゆら》宮治天下天皇（＝推古）の朝に奉仕《つかえまつ》りき。阿須迦《あすか》宮治天下天皇（＝舒明）の朝に至り、天皇、其の才異《すぐ》れ、仕へて功勲有るを知り、勅して官位大仁《だいじん》を賜ひ、品を第三と為したまふ。
　阿須迦天皇の末、歳次辛丑（六四一、舒明天皇十三年）十二月三日庚寅に殞亡《いんぼう》せり。
　故、戊辰年（六六八、天智天皇七年）十二月、松岳山《まつおかやま》の上に殯葬《ひんそう》す。婦《おみな》、安理故能刀《ありこのと》

自《じ》と共に墓を同じくし、其の大兄刀羅古《とらこ》首の墓に並び墓を作る。即ち万代の霊基を安保し、永劫の宝地を牢固とせむが為なり。（「船王後墓誌」、三井文庫蔵）

王智仁—那沛故—王後とつなぐ墓誌の系譜のなかで、「王智仁《おうちに》」こそは王辰爾の異表記である。七世紀の金石文において登場することから、辰爾は百済系の出自を持ち、六世紀後半に活躍した実在の人物とみてよい。

辰爾の係累とされた白猪氏・津氏についてもみておこう。白猪氏は蘇我稲目のもと吉備の児島《こじま》でミヤケ（屯倉）の経営に当り、田部《たべ》の籍を検定して功をなした胆津《いつ》を始祖とする。奈良時代には氏名《うじな》を葛井と改め、中国陝西省《せんせいしょう》西安《シーアン》の東郊で墓誌が出た遣唐留学生・井真成《せいしんせい》

図20　船王後墓誌（『日本古代の墓誌』同朋舎）

図21　井真成墓誌（『遣唐使と唐の美術』朝日新聞社）

の出身候補に挙がる氏族である（図21）。『日本書紀』には「胆津は王辰爾が甥なり」と分註がある（欽明天皇三十年正月）。

津氏についても「船史王辰爾が弟、牛《うし》」に津史の姓を賜ったとある（敏達天皇三年十月）。氏名の「津」の由来については明記がないが、後裔の津真道が「各　職《つかさど》る所に因りて以て氏に命《なづ》く」とするので、津（港津）の税についての職務を行った氏族なのであろう。この場合の「津」とは、倭王権にとって最も主要な外港であった難波津《なにわづ》と推測されている。

ともかく王辰爾を中心とした白猪・船・津三氏の始祖伝承はすべて『日本書紀』に掲載されている。またミヤケの籍をめぐる胆津、烏羽の表についての辰爾の事例では、大王―蘇我氏の指揮系統において活躍の場が与えられていることを覚えておいてほしい。

彼ら百済系の新しいフミヒトは六世紀後半、欽明・敏達朝に始祖が登場している。この時期は先に五経博士の例でふれたように、新羅との対立を深めた百済が倭国側の軍事的・外交的支援を引き出すために先進知識を供与している。王辰爾もまた百済から倭国に供与された知識人、「武と文の貿易」によって倭国に渡来したフミヒトといえるだろう。王辰爾の存在そのものが、六世紀の百済と倭の交渉史を体現するものだったのである。

百済史書と『日本書紀』

史書を編むフミヒト

欽明朝から活躍がみえ、「烏羽の表」の王辰爾のごとく王宮に近侍して倭王権の外交にも関与した書記官であれば、同じ時期に企てられた「帝紀」の編纂作業に従事した可能性はないであろうか。

渡来人と「日本語」

蘇我本宗家が滅ぶときに、推古朝における歴史書編纂の成果である「国記」を火中より救出したのが船《ふねの》史《ふひと》恵尺《えさか》であった（皇極天皇四年六月）。恵尺（恵釈）は王辰爾にはじまる百済系書記官であり、大化元年（六四五）に入唐した道昭《どうしょう》の父にあたる（『続日本紀』文武天皇四年三月己未条）。なぜ恵尺が「国記」を救い出したのかといえば、恵尺自身が「天皇記」「国記」の編纂に関与し、その重要性を認識していたためとする推測が根強い。

時代が下ると、『続日本紀』編纂の最終段階で撰者となった菅野真道《すがののまみち》・中科巨都男《なかしなのこつお》がいずれも元は津連《つのむらじ》であったように、実際に史書の編纂に関わった人物が出ている。後代の実例とフミヒトの役割を重ねて考えれば、船恵尺ら百済系書記官が何らかのかたちで推古朝の歴史書に関与したとみるのは有力な仮説である。

これら六世紀のフミヒトたちが後代に残した成果として忘れることができないのは、日本語の創出である。この論点は早く明治の国語学者・大矢透《おおやとおる》（一八五〇—一九二八）が提示したものであり、大矢は「元興寺縁起」「天寿国繡帳銘」など推古朝の金石文の文体まででも船王後《ふねのおうご》を作者と推定した。作者の特定は論証できないにせよ、船氏に代表されるフミヒトが七世紀の日本で書記される言葉を創出したとの見通しは間違っていない。文学・語学の分野では上代の日本語について、漢語・漢文の訓読を通じて創出されたことが提起されており、東アジアの広がりのなかで言語と書記の問題が議論されているからである。

日本語学者による「帰化人たちの母国で四・五世紀ごろ使っていた、朝鮮語を表記した漢字と、古代の日本語を表記した漢字を比べてみると、ほとんど一致する」（馬渕和夫『上代のことば』）との所見は、近年の韓国における出土文字史料の増加によって再び脚光を浴びることとなった。そのなかで重要なのは、瀬間正之《せままさゆき》氏が漢文訓読の発想をもとに表記がなされる現象を取り上げて「訓読的思惟」と名づけた考え方である。東アジアの周辺地域では、言語があって文字が発生したのではなく、漢字という外来の文字によって自国の言語を表記せざるをえない。そこで瀬間氏がいうような、文字にとらわれたことばの現象が生じるのである。

たとえば『楊氏漢語抄《ようしかんごしょう》』という辞書がある。この書物は十世紀の『和名類聚抄《わみょうるいじゅうしょう》』に断片が残る辞書で、養老期に陽胡史真身《やこのふひとまみ》が作ったとされ、はやく「古記《こき》」での引用がある（「職員令」43主殿寮）。そもそも『楊氏漢語抄』の成り立ちは、『日本書紀』編纂の副産物とみる意見さえある。和語と漢語（唐代の口語も含む）の対応を明示することが必要だったのは、はたして編纂の過程であるのか、それとも完成直後の講義（養老講書）であったか。ともかく現存最古の漢和辞典が『日本書紀』と深い関係を結び、その撰者がフミヒトであったことは銘記しておきたい。

漢語漢文で発想して発話・書記するのではなく、訓読から発想するのは、他国の文字で自国のことばを書き記す古代の朝鮮半島・日本列島の状況にふさわしい。そして訓読からの発想で生まれた漢文はちょうど和製英語のようなもので、正格漢文のルールが通用しない。ことばを共有しない集団にとって漢字で書かれてはいても理解することができない漢文、まさに「烏羽の表」なのであろう。

交錯した地域・人びと

『隋書』東夷伝が語るところでは、六・七世紀の百済は半島（新羅・高麗）・列島（倭）や大陸の人々が雑じって混住する状況であった。争奪の地となった加耶はいっそう複雑である。「任那」の復建が問題とされた欽明紀では、倭の氏姓を有して百済に仕えた者（許勢《こせの》奈率《なそつ》歌麻《かま》・物部《もののべ》歌非《かひ》）がみえる。彼らは現在「倭系百済官僚」と通称されている。さらには「任那」にあって倭や百済の国策に従わず、独自の動きをみせる人びと（阿賢移那斯《あけえなし》・佐魯麻都《さろまつ》）さえいた。

そして倭国においても、五世紀代から六世紀にかけ、倭王権が原初的な官制を機能させるうえで渡来系の官吏を不可欠としたのであり、こと文書・記録の書記においては百済系の書記官の寄与を評価しなければならない。「訓読的思惟」を漢語漢文と和語が接触することによって生じた混淆現象とするならば、自らの技能（文書管理）によって倭王権に仕えながら百済の戦略的意図を倭王権に訴えかけるフミヒトは、百済と倭ふたつの国を体現した官吏ということができる。

倭王権は新旧の書記官を含む渡来系の氏族を大和の身狭《むさ》（見瀬）・檜隈《ひのくま》、河内の古市《ふるいち》・安宿《あすかべ》などに配置をした。応神紀では倭漢《やまとのあや》氏の祖である阿知使主《あちのおみ》・都加使主《つかのおみ》が高市郡檜隈郷を与えられたと記される（応神天皇二十九年九月）。河内でも同じように渡来人の集住が認められ、「烏羽の表」の説話で王辰爾に対比された「東西諸史」にはヤマト・カウチとの傍訓があって（敏達天皇元年五月、前田家本）、東漢《やまとのあや》氏と西文《かわちのふみ》氏を指すのである。

これらの地はアガタ（県）が設定された王権の直轄地である。大和の場合、高市には大王の家政に直結した倭六県のひとつ「高市県《たかいちのあがた》」が置かれていた。河内では「志紀県《しきのあがた》」である。ヤマトタケルの陵の場所は『古事記』では「河内の志幾《しき》」、『日本書紀』には「河内の旧市邑《ふるいち》」とあり、志紀県とは志紀・古市両郡を含んだ広い領域が想定される。

河内のフミヒトたち

王辰爾ら船氏の拠点のひとつが南河内にあったことは、「船王後墓誌」が松岳山《まつおかやま》（大阪府柏原市国分市場）から出土していることでわかる。文献の記述からいえば、祖先の墓域について請願する菅野真道（もと津真道）の上表が参考となる。

正四位下行左大弁兼右衛士督皇太子学士伊勢守菅野朝臣真道《すがののあそんまみち》ら言さく、「己《おのれ》らの先祖、葛井《ふじい》・船《ふね》・津《つ》三氏の墓地、河内国丹比《たじひ》郡の野中寺《やちゅうじ》以南に在り。名《なづ》けて寺山《てらやま》と曰ふ。子孫相守り、累世《るいせい》侵さず。しかるに今、樵夫《しょうふ》市を成し、冢樹《ちょうじゅ》を採伐す。先祖の幽魂、永く帰る所を失ふ。伏して請ふらくは、旧《もと》に依りて禁ぜしめむことを」といふ。これ

図22　野中寺塔跡の発掘調査（羽曳野市教育委員会提供）

を許す（『日本後紀』延暦十八年三月丁巳条）

真道は「寺山」と呼ばれる先祖の墓域に木こりが入って、墳丘の樹木（冢樹）が伐採されていることを憂い、その禁止を請願した。上表にある「野中寺」は河内国丹比郡野中《のなか》郷の郷名を寺号とする。

野中寺は大阪府羽曳野市野々上に現存し、丙寅年（六六六年・天智天皇五年）の銘文を持つ弥《み》勒《ろく》菩《ぼ》薩《さつ》半《はん》跏《か》像を所蔵することで名高い（図22）。塔跡の発掘調査では「之□□□□／庚戌年正月」の紀年をヘラ描きした平瓦が出土し、七世紀中ごろに創建された古代寺院であることが確実となった（庚戌年は六五〇年・大化六年）。正倉院文書に残る天平十四年（七四二）十二月二十三日の優婆塞《うばそく》貢進解（出家希望者の推薦状）には、候補として挙げられた「船連次麻《ふねのむらじつぎま》呂《ろ》」が「河内国丹比郡野中郷」を本籍としていた（続修十八／『大日本古文書』二巻三二三～三二四ページ）。船氏は檀越《だんおつ》として野中寺の運営に参加していたのだろう。

三氏の先祖が眠る墓地「寺山」は、位置関係からみて野中寺の南に広がる羽曳野《はびきの》丘陵にあたり、ここには来目《くめ》皇子墓に治定された埴生野塚穴山《はにゅうのつかあなやま》古墳など横口式石郭《よこぐちしきせつかく》を持つ終末期古墳がある。また野中寺の北一キロあまりには、これも葛井氏と関わる古代寺院・葛井寺《ふじいでら》があり、葛井・船・津三氏はたしかに南河内の一帯に足跡を残している（図23）。

これら渡来人の濃密な大和・河内の地域をながめると、欽明天皇の殯《もがり》が「河内の古市」（欽明天皇三十二年五月）に起こされ、大和の「檜隈坂合陵」（同年九月）に葬られたことは、じつに象徴的である。欽明天皇の殯を契機に古市の渡来人を取り込んだ殯の儀礼が整えられたのではなかろうか（『羽曳野市史　第一巻　本文編1』羽曳野市、一九九七年）。

ところで正倉院文書には、伊吉氏が檀越となった「伊吉寺《いきでら》」がみえる（伊吉寺三綱檀越等解、塵芥三十五／『大日本古文書』四巻三七頁）。河内には古代寺院跡が多く研究も進んでいるため、それらの成果を参照してこの寺院の比定を試みると、創建時期や字名「雪谷」「井喜谷」により、羽曳野丘陵の埴生廃寺《はにゅうはいじ》（善正寺）が「伊吉寺」に該当する可能性があ

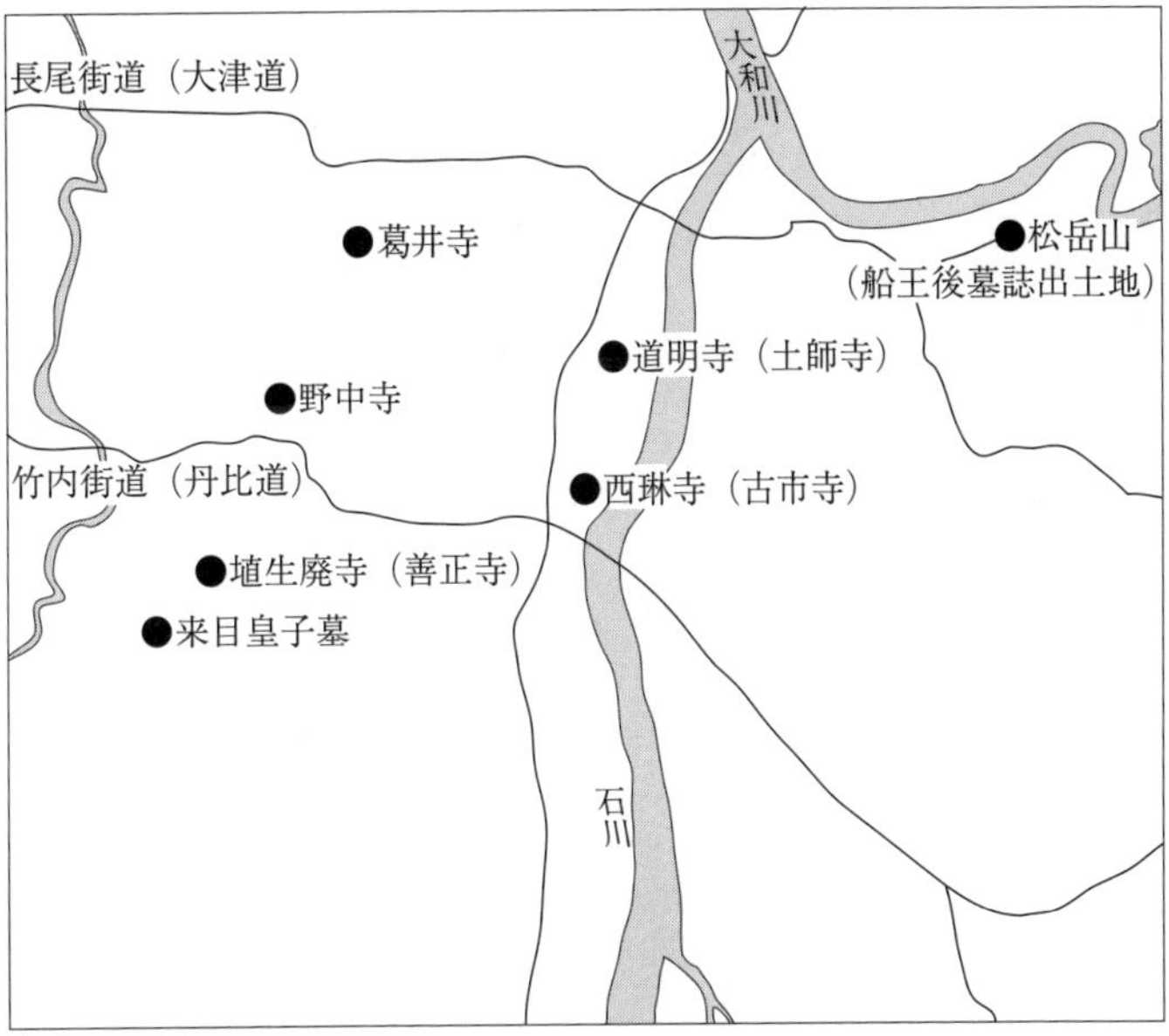
長尾街道（大津道）
大和川
葛井寺
松岳山
（船王後墓誌出土地）
道明寺（土師寺）
野中寺
竹内街道（丹比道）
西琳寺（古市寺）
埴生廃寺（善正寺）
来目皇子墓
石川

図23　南河内の地図

る。埴生廃寺は野中寺の至近である。

この推測が受け入れられるならば、『日本書紀』に引用された外交記録「伊吉連博徳《いきのむらじはかとこの》書《ふみ》」の作者を出した伊吉史《いきのふひと》は、菅野真道の上表にある「寺山」に拠点があったことになり、渡来人が集中した河内の飛鳥・古市・丹比郡に、もうひとつ例証を加えることになるだろう。「国記」を救出した船恵釈《ふねのふひとえさか》にせよ、復命の報告が『日本書紀』の分註に報告書が引用された伊吉連博徳にせよ、河内のフミヒトと『日本書紀』の編纂史は関係が深い。

百済史書をまとめる

百済系に限らず、列島に渡来した人びとのなかには、継体・欽明朝の五経《ごきょう》博士《はかせ》や推古朝の恵慈《えじ》のように技術伝習を果たして本国に帰るものもいれば、フミヒトのように列島に留まって官僚となり、その地位を確保して子孫まで継承する集団もいた。その場合、地位の確保・継承は既得権と言い換えてもよい。律令《りつりょう》の規定では、五位以上の子孫と「東西《やまとかわち》の史《ふみひと》部《べ》の子」には大学への入学が許される（「学令《がくりょう》」2 大学生条）。これが既得権である。「或いは史官と為《な》り、或いは博士と為る」（「学令」大学生条の義解）とあるように、フミヒトたちには大学への入学を通じ、朝廷での官吏となる道が開かれていたのである。

河内のフミヒトが対外使節に任じられた者を輩出したのは（遣新羅使…白猪史広成《しらいのふひとひろなり》／大

唐学生…白猪史宝然《ほね》・船連夫子《ふし》、遣唐少録…白猪史阿留麻《あるま》）、始祖以来の専門分野を受け継ぎ、官人としての地位を再生産することに成功したといえよう。ちなみに、このような実績を評価して、遣唐留学生・井真成《せいしんせい》は葛井氏であるとの説が唱えられているわけである。

フミヒトの既得権は渡来系の出自という共通項によって得られるもので、ここに船氏らが渡来時期の違う「東西の諸史」たちと同じグループに編成され、始祖伝承（百済出自・応神朝の渡来・典籍をもたらす・皇太子の師）を共有した要因があるのだろう。由緒ある「諸蕃《しょばん》」として歴代の朝廷に仕えてきた来歴が、彼ら百済系の書記官にとって必要なのである――その「来歴」が百済史書なのではないだろうか。

わたしは彼ら百済系の書記官こそが「百済記」という日本と百済の交渉史を作成し、あるいは「百済本記」のような編年史を撰述し、倭国に献呈するにふさわしい存在であると考える。通説がいうように「百済本記」が百済滅亡後に百済王族によって作成された史書であるならば、百済の滅亡に至る過程はまったく記述がなく、聖明王代で獲麟《かくりん》となる史書を天武・持統朝の段階で提出しなければならない必然性は薄い。むしろ聖王代までの百済と倭の歴史は、百済に出自を持ち同時期から倭国で官吏として仕え始めた人びとが切実に要求したはずである。その理由は、「百済本記」が扱う時代は、百済系フミヒトにとって倭王権に仕える由縁を歴史において証明するからに他ならない。このように考えたときにはじめて、『日本書紀』が記す五・六世紀史で百済史書が大きな比重を占めた意味を説明できるように思う。

複数の言語・文化の交錯状況を念頭におくと、欽明朝にまとめ始められたとされる「帝紀」「旧辞」や、それに続く推古朝の歴史書を当時の歴史的文脈のなかで位置づけることができるだろう。倭や百済と利害の対立する新羅は、ほぼ同時期に自国史の編纂を始めている。半島と列島を往来した彼ら百済系のフミヒトは、欽明朝の系譜整備（帝紀の編纂）から推古朝の「天皇記」「国記」へと段階を上げてゆく歴史書の編纂に関わりながら、並行して自らの出自である百済の利害に寄り添った、百済と日本の交渉史をもまとめ上げた。

わたしは百済史書の成り立ちを以上のように推測する。

百済史書からの視点

吉士の場合

渡来系の書記官たちはいわば技術系の官僚であって、国家の帰趨を左右するような影響力を有したとは考えがたい。白猪のミヤケでの編戸や高句麗使の迎接でうかがえたように大臣蘇我氏のもとで実務を担当したのが実情で、その役割に過大な評価を与えることは慎むべきなのだろう。だからこそ「天皇記」「国記」の編纂では、蘇我氏のもとで書記官が実務を担ったと考えるわけである。監修者と筆録者の階層差である。

ただ専門技能が発揮される分野――記録や学術の伝承・外交実務といった局面においては、書記官らの裁量が大きかったであろうことが予想される。

『日本書紀』には海外との交渉や屯倉の経営において、難波吉士《なにわのきし》・草香部《くさかべ》吉士・三宅《みやけ》吉士など「吉士《きし》」を称する氏族がみえる。最近、韓国忠清南道扶余《プヨ》（百済の都・泗沘《しひ》の故地）の双北里遺跡から出土した荷札木簡について再釈読が行われ、人名「那爾波《なにわ》連公」が読みうることが報告された。ナニハの連公《むらじきみ》とは難波吉士に他ならない。

対外交渉に従事した「吉士」たちは、複数の氏族を「吉士集団」として編成したものであり、倭王権が在来の氏族を排除してまで吉士を難波地域に配置し、朝鮮との交渉や難波屯倉の管理に当らせたことがわかってきた（竹本晃「難波地域をめぐる古代氏族の動向―難波部と美努氏の関係をとおして―」栄原永遠男・仁木宏編『大阪叢書2　難波宮から大坂へ』、和泉書院、二〇〇六年）。入唐した吉士・難波連《なにわのむらじ》男人《おひと》の復命報告は、伊吉連博徳の書とならんで『日本書紀』斉明天皇五年七月の分註で採用されている。

この「吉士」もまた渡来系氏族なのである。「吉士」は新羅の官位に採用された呼称であり、本居宣長が「皇国にても、其を取て、藩人《カラビト》の品《シナ》に用ひられたりと見へて」「さて此吉士と云者の事を記せるを考るに、或は韓国に遣す使、韓人の朝《マイ》れるを接待《アシラウ》ふ事など、凡て藩《カラ》国の事に仕奉れり」（『古事記伝』三十三之巻　阿知吉師）と看破したように、対外交渉を主務として「藩人」すなわち渡来系氏族を編成したものが「吉士集団」とみられる。

彼らは六世紀以降に半島・大陸との交渉に従事し、遣隋使・遣唐使も輩出するのであるが、「任那」をめぐる新羅との交渉において吉士の派遣が目立つ。このことを根拠に、そもそも「吉士集団」とは「任那」（加耶）に出自を持つために交渉を担当したとの推測さえあり、「任那」問題の解決は、当事者である渡来人に委ねなければ困難であったからと説かれている（本位田菊士「吉士と「任那の調」―敏達朝から推古朝前後にかけての日羅交渉―」『日本古代国家形成過程の研究』名著出版、一九七八年）。

歴史を左右する

だがむしろ反対で、直接利害のある者が交渉の当事者となることは、交渉の方向をあらかじめ縛ってしまうのではなかろうか。

特に王辰爾の場合、百済と倭の境界に身を置き、百済の戦略的意図を倭王権に訴えかけたとの先行研究に従うと、彼ら渡来系の専門集団に対外交渉を担当させることによって、倭国の側の外交の選択肢は狭められる。倭国（日本）の外交政策を六―七世紀に広げて展望するとき、百済・高句麗の側に立って東アジア情勢の変化に対応できず、白村江の敗戦まで外交を転換することができなかったと判断せざるをえない。このことは百済系書記官が対外交渉に従事した倭国の構造上の問題から説明できるかもしれない。

蓋鹵《がいろ》王と聖明《せいめい》王、二度にわたる百済の傾覆を復興できた成功の体験は、たとえ唐を敵にまわしても、三度目の復興が可能であることを期待させたのではないか。

しかし、これ以上は著者の能力を超える範囲であるので、『日本書紀』に限定して話を続けることにしたい。書記官たちが歴史書の誕生にとってどのような影響を与えているのか。

欽明紀の大半を占めるのは対外関係記事、それも加耶をめぐる朝鮮半島の記事を例にしよう。それらの内容は百済系の文献のみに依拠したと考えられ、『日本書紀』を読み進めれば、視点はあくまで百済の側にあることに気づかされる。

従来、『日本書紀』の朝鮮観は律令制が確立した後のものとして、その記述は批判的に分析されてきた。朝鮮三国は日本に朝貢する「蕃国」に位置づけ、加耶に分立する諸国は「任那」と総称し、「任那」には「日本府」と称する出先の統治機関が存在したかのような記述は、『日本書紀』によって述作された八世紀の歴史観であると批判されてきた。

新羅への視線

このような観念が『日本書紀』に存在することは否定できない。八世紀のテキストとして『日本書紀』を扱うときには決して避けて通れない論点である。しかしながら、『日本書紀』には百済の立場からの先入観の色濃い記事が含まれていることも確かなのである。百済史書の価値を低くみる論者は、①日本に対して迎合的な記述をとること、②百済が正当であることを強調すること、この二点に注意を促してきた。

わたしは『日本書紀』の朝鮮関係記事を読み解くうえで、②の問題を十分に認識しておかねばならないと考える。素材史料である百済史書が有した歴史観――加耶諸国の支配について百済に理があることの主張、また百済と対峙する新羅への敵視――を引き継いだ結果、テキストとしての『日本書紀』そのものの歴史観が百済寄りになったと理解するからである。ある意味では、素材が作品を規定したといえるだろう。

顕著な例として、「任那」の滅亡をめぐる『日本書紀』の新羅観がある。欽明天皇二十三年（五六二）正月の「任那官家」の滅亡、加耶史の視点から言い直すと加耶諸国の盟主的地位を占めていた大加耶（慶尚北道高霊《コリョン》）が新羅に降ったことに対し、欽明天皇は新羅の非道・邪悪をあからさまに非難する詔を発した（欽明天皇二十三年六月）。この詔は『梁書《りょうじょ》』王僧弁《おうそうべん》伝に掲載された誓盟文をほぼ引き写すもので、もとより六世紀当時の文章とみることは困難である。

漢籍の字句を駆使して新羅の暴虐を貶《おとし》めた文意には、典拠を通して表現された新羅観がある。何より欽明天皇の詔には、「任那官家《みまなのみやけ》」なるものを喪った倭国の側の意識もさることながら、加耶への進出を挫かれた百済の新羅に対する敵意がある。

これは『日本書紀』の新羅観全体にも通じる傾向である。しかもそれは『日本書紀』が成立した八世紀に突如として現れたものではなく、『日本書紀』が利用した素材資料、すなわち「百済本記」などの百済史書から持ち込まれた視点であって、『日本書紀』という歴史書が重層した編纂作業によって形成されたことの痕跡なのである。

太歳紀年のモデル

百済史書が与えた影響の大きさは、『日本書紀』の史書としての体裁にもしっかりと刻み込まれている。『日本書紀』の場合、歴史書として根幹である紀年は、太歳という架空の天体によって干支を表示する特色があった。この太歳紀年は百済に由来した可能性が高い。

『日本書紀』が模範としたであろう中国の正史では、皇帝の即位年を「太歳〇〇」と表示した例がない。そこで『日本書紀』における太歳表示のモデルが議論されてきたのだが、先学のなかには朝鮮半島に淵源があるとの意見を唱えた人がいた。江戸後期の国学者、伴《ばん》信友《のぶとも》（一七七三―一八四六）は次のように指摘している。

書紀にのみしか太歳干支を記されたるは、肇《はじ》めて御世々々の年立干支を定められたるが故なるべし。但しもろこしの史書どもに、しか年に係て大歳干支とかけるは、をさ〳〵見当たらぬ例なり。継体紀二十五年の条の注に、百済本記を引き載せて、其文云、大歳辛亥三月云々、と注されたるによりておもへば、其はもと韓国のなべての書きざまにて、この百済本記などの例に拠られたりしにもやあらむ（『比古婆衣《ひこばえ》』日本書紀暦考）

本居宣長の学問を実証の面で継承した伴信友は、国粋主義にとらわれず文献の研究に徹し、公平な意見を述べたといえるだろう。『日本書紀』が分註で引用した「百済本記」――すなわち『日本書紀』に先だって成立していた百済史書――において、太歳による干支表示があることは、本書の主題からしてとりわけ重要である。信友が示す『日本書紀』の当該箇所を次に挙げておこう。

冬十二月丙申朔庚子、藍野《あいのの》陵《みささぎ》に葬る。

或本《あるふみ》云はく、「天皇二十八年歳次甲寅に崩ず」といふ。而《しか》るを、此《ここ》に「二十五年歳次辛亥に崩ず」と云へるは、百済本記を取りて文を為《つく》るなり。其の文に云はく、「大歳辛亥の三月、軍《いくさ》進みて安羅《あら》に至り、乞乇城《こつとくのしろ》を営《つく》る。是月、高麗其の王安《あん》を弑《しい》す。また聞く、日本の天皇及び太子・皇子、倶《とも》に崩じ薨ずときけり」といふ。此

に由りて言へば、辛亥の歳は二十五年に当れり。後に勘校《かんこう》せむ者、これを知れ（『日本書紀』継体天皇二十五年十二月）

『日本書紀』は継体天皇崩年の干支をめぐり、或本（甲寅・五三四）と百済本記（辛亥・五三一）の両説を並立させ、「後世でこれを考え調べる者が、これを明らかにするだろう」と判断を後人にゆだねたまま定説を立てなかった。歴史書としてははなはだ不体裁であるかと思われるが、異伝を排除せず依拠した素材史料そのものに語らせる『日本書紀』の姿勢が如実にあらわれた箇所ともいえる。

ただし年代記であるので年紀は立てねばならない。そこで『日本書紀』本書は継体天皇が崩じたのは辛亥の年とした。その根拠は分註の「百済本記」に求められた。

継体紀の末尾（五三一年）と次の安閑紀冒頭（五三四年）の間に三年の空位が生じることを承知のうえで、あえて継体天皇の崩年を辛亥と定めたのは、「百済本記」の紀年「太歳辛亥」に信拠したからである。これをみても「百済本記」は単なる引用書ではない。紀年を決定する最重要な論拠なのであって、その紀年は太歳による干支表示によってなされている。

六・七世紀の百済の状況を伝えた中国文献をみると、『周書《しゆうじよ》』異域伝上・百済の項には「また陰陽五行を解し、宋の元嘉暦を用ふ。建寅の月を以て歳首と為す」、『翰苑《かんえん》』蛮夷部・百済の項が引用した唐・李泰《りたい》『括地志《かつちし》』にも「陰陽五行を解し、宋の元嘉暦を用ふ。其の紀年別号無し。但だ六甲を数へ次第と為す」とある。百済は元嘉暦を使用し、紀年は「六甲」(干支の六十年)を用いていたという。元嘉暦法による史書の編年・太歳による天皇即位年の干支表示は、百済に由来するのが濃厚である。

百済威徳王の金石史料

近年知られるようになった高句麗や百済など古代朝鮮の金石文には、太歳による紀年表示の認められるものがあり、「韓国のなべての書きざま」とした伴信友の見通しは、これら出土文字史料によって裏づけを得た。

『日本書紀』との関係では、次に挙げる百済昌王《しようおう》銘石造舎利龕《しやりがん》の銘文がひときわ興味深い。舎利龕の銘文は百済昌王の十三年、干支でいえば太歳が丁亥に在る年(西暦五六七年)に、王の妹にあたる人物(公主)が舎利を供養したことを刻んだものである(図24)。

百済昌王十三年太歳在
丁亥妹兄公主供養舎利

図24　百済昌王銘石造舎利と出土状況（陵寺，国立扶余博物館蔵）

（百済昌王の十三年、太歳丁亥に在るとし、妹兄公主の供養せる舎利なり）

この舎利龕は百済の王都・泗沘《しひ》（忠清南道扶余《プヨ》）にある陵山里寺址《りようざんりじし》から出土した。陵山里寺は発掘調査によって中門・塔・金堂などの伽藍跡が検出され、舎利龕は塔跡より出土したものである。寺院の当時の名はわからないが、東側に陵山里古墳群が位置することが遺跡の性格を考えるうえで重視される。陵山里古墳群は百済王陵と伝承されてきたからである。そこで調査報告書は、陵山里寺は百済の聖王を弔った寺院「陵寺」との見解を取る。百済昌王とは威徳王（諱は昌）であり、その在位期間は四十年あまりに及んだ。日本でいえば欽明朝から推古朝になり、ちょうど歴史書がまとめられ始めた時代の百済王なのである。百済昌王の十三年丁亥は西暦で五六七年、『日本書紀』の欽明天皇二十八年にあたる。

威徳王は聖王戦没時には出家しようとして諸臣に止められ、代わりに百人を得度させたことで知られる（欽明天皇十六年八月）。百済に派遣された大別王《おおわけ》に対し、仏典や僧侶、技術者を付けて帰したこともあった（敏達天皇六年十一月）。近年、扶余では威徳王が創建した王興寺《おうこうじ》が発掘され、創建時期の近接する飛鳥寺《あすかでら》との関係をめぐって注目を集めた。

このように威徳王は父の聖王ともども倭国とは関係が深い王なのであるが、陵山里寺址舎利龕の銘文は、倭国が暦博士を受け入れた同時代の百済において、確かに太歳による紀年を用いていた証となった。これは『日本書紀』の太歳が何に由来するのかを考える鍵になるはずである。

太歳と天皇号

そこでふれておきたいのは、『日本書紀』の最初の紀年が「是年也、太歳甲寅」であったことである。神武天皇が東征を決意した年にはじめて干支の表示がなされることで、『日本書紀』は神話の時間から歴史の時間へと切り替わる。天皇の年代記は、神武紀の「太歳甲寅」から歴史的時間がスタートするのである。その最初の干支が「甲寅」であったのは偶然ではない。

「太歳甲寅」と『日本書紀』との関係では、呉《ご》・徐整《じょせい》『三五暦記《さんごれきき》』という三国時代の文献に注目が集まる。徐整の経歴はよくわからず、唐の始めの文献リスト『隋書』経籍志によると、儒教経典の注釈を残したり（『毛詩譜』『孝経黙注』）、出身地域の人物伝（『予章烈士伝』）をまとめたりした学者のようである。『三五暦記』にしても、他の本に引用されて残る断片（逸文）しかない。しかし『芸文類聚《げいもんるいじゅう》』に引用された『三五暦記』の逸文は、次のように目をみはる内容を伝えている。

徐整の三五暦記に曰はく、「天地の混沌《こんとん》なること鶏子《とりのこ》の如く、盤古《ばんこ》その中に生《あ》れます。万八千歳にして、天地開闢《かいびやく》し、陽は清《す》みて天と為《な》り、陰は濁りて地と為る。盤古その中に在り、一日に九変し、天に神、地に聖たり……」(天部上　天)

徐整の三五暦記に曰はく、「歳は摂提《せってい》に起き、元気肇《はじ》まる。神霊一人あり、十三頭あり。天皇と号す」といふ(帝王部一　天皇氏)

『芸文類聚』天部は、天地開闢を記した『日本書紀』の冒頭「古《いにしえ》に天地未だ剖《わか》れず、陰陽分かれず、渾沌《こんとん》にして鶏子《とりのこ》の如く、溟涬《めいけい》にして牙《きざし》を含めり……」とそっくりである。『三五暦記』の逸文を引く唐・欧陽詢『芸文類聚』は、唐のはじめにまとめられた事典(類書)であり、『日本書紀』の文章をつくるときに利用された。これは古くよりの定説である。

次の帝王部をみると、『三五暦記』の逸文で「歳は摂提に起き……」とある。『爾雅《じが》』釈天で「大歳、寅に在るを摂提格と曰ふ」と解説されるように、「摂提」とは十二支の寅のことである。十干の方は木・火・土・金・水のうちの「木」の兄で「きのえ」(甲)であるため、甲寅を干支の最初とみる考えがあった。『史記』天官書への唐・司馬貞《しばてい》注(『史記《しき》索隠《さくいん》』)では、「万物陽を承けて起こる。故に摂提格と曰ふ」とあるように、干支の最初の甲寅には万物が生起すると考えられていた。したがって『日本書紀』の最初の紀年が「甲寅」の干支ではじまるのは、意図的な設定であろうと思われる。

問題はそれだけではなく、『三五暦記』の逸文は天皇について説明したくだりなのである。中国でいうところでは、太古の帝王、三皇五帝のうちのひとりを「天皇」という。そうであるならば、初代天皇の巻に最初の干支として記されている「是年也、太歳甲寅」には、実年代の表示というよりも、循環する干支の始まりに初代天皇が出現したことを表現したものであろう（東野治之「天皇号の成立年代について」『正倉院文書と木簡の研究』塙書房、一九七七年。一九六九年初出）。

それほど重要な意義を持つ太歳紀年が『日本書紀』の引用した「百済本記」にみえることは、何より百済史書と『日本書紀』の切り離しがたい関係を表している。

歴史書の誕生

本書を通して「百済本記」をはじめとする百済史書は、推古朝の時点で渡来人によってまとめられたと考えてきた。「百済本記」を六六三年の百済滅亡後の成立とみたときに、「百済本記」の暦日が元嘉暦によっていることや中国史書では採用されない太歳による干支表示を持つことは、あまりにも古風すぎる。

「辛酉革命」の根拠となった讖緯《しんい》説についても、推古朝でさえ一時代古い思想であった。中国においては、隋の開皇十三年（五九三）二月に讖緯説に関する図書の私蔵が禁じられ

（『隋書』高祖紀下）、続いて煬帝《ようだい》（在位六〇四―六一八）が讖緯説を弾圧して焚書を行った（『隋書』経籍志・讖緯）。やがて儒教経典を神秘主義で解釈することは廃れ、辛酉革命を説く後漢・鄭玄《じょうげん》『易緯《えきい》』のような緯書《いしょ》も散逸の道をたどる。

以上のような状況を踏まえ、欽明朝に百済からの暦博士が渡来し（欽明天皇十五年二月）、推古朝に至って百済僧・観勒《かんろく》に就いて暦法を習得する人物を養成したこと（推古天皇十年十月）を考え合わせるなら、元嘉暦・太歳による干支表示は、六世紀の百済からもたらされたと考えるのが最もありうる解釈である。

欽明朝の段階でフミヒト制が確立し、蘇我氏がフミヒトら渡来系の諸氏族を管轄し、その主導によって推古朝の史書編纂事業へと発展してゆく。「百済本記」は倭王権の記録整備の流れの中でフミヒトの立場においてまとめられた史書であろう。そして同時期に「天皇記」「国記」が出来ており、有力皇族と蘇我氏が主導する事業の実務を船氏に代表されるフミヒトが担っていたのならば、この段階において『日本書紀』の原型となる年代記は出来たのではなかろうか――歴史書の誕生、である。

『日本書紀』の紀年・暦日は、天皇号の成立とも深い関係を有する。天皇号をめぐる考えにおいても同じ見方が成り立つ。「天皇」の語には歴史的に形成された多様な称号が含まれている（北康宏「天皇号の成立とその重層構造―アマキミ・天皇・スメラミコト―」『日本史研究』四七四、二〇〇二年二月）。漢語に由来する「天皇」と和語による称呼「スメラミコト」の対応を歴史的な展開のなかで位置づける視点は、百済の君主号が「王」とともに「於羅瑕《おらか》」「鞬吉支《けんきつし》」（『周書』異域伝上　百済）という国内で通用する固有の称号を有していたことを思い起こさせる。そして、この漢語と固有語が重層して君主号が歴史的に形成された過程こそは、編纂史という幅で考えた『日本書紀』の成り立ちそのものではないのだろうか。

君主号に漢語に由来した称呼を用いながら、そこに固有語の意味を重ねて理解する。日嗣と百済史書を年代の骨組みとし、漢語漢文によって自国の歴史を編纂する。そしてそれらが一体となって、東アジアの周縁において君主の名乗り・公式の歴史として固有の世界を形づくったのである。

推古天皇二十八年（六二〇）の「天皇記」「国記」の後、『日本書紀』の完成（七二〇）までは、このあとなお百年の歳月を要する。

誕生した歴史書——エピローグ

異文化が混じりあい、百済に出自のある書記官が記録をつかさどりながらも、『日本書紀』は列島の自国史として完成に至る。時間的にも層をなす素材が、それでもひとつの書物に構成された。

なぜ百済史書のような歴史叙述が『日本書紀』のなかに存在するのか。その答えを探して、東アジアの同時代を意識しながら『日本書紀』を読み進めてきた。最後に扱った百済史書の問題は、『日本書紀』全体に波及する。太歳が「百済本記」に由来すると考えるとき、それは『日本書紀』全体の天皇即位年の干支決定の表示に使われていること、すなわち紀年・暦日という歴史書を歴史書たらしめている年代の表示を「百済本記」に仰いで決めていることになるのである。

現在に伝えられている『日本書紀』は、それ以前にあった記録・伝承の集成を引き受けた最終段階のすがたであって、そこには百済史書はもとより、多様な素材が溶かし込まれている。これが編纂史という幅を設けて素材史料に当たり直すことによって得た、『日本書紀』という書物に対するひとつの理解であった。

『日本書紀』は利用することのできた素材を基盤にして、神代から飛鳥時代までを扱う天皇の年代記を叙述した。そしてそれが、日本という古代国家の成り立ちを記す歴史書にもなったのである。完成した『日本書紀』はその後長らく、日本の第一の古典として尊重されたことを思うと、誕生した歴史書が日本という国のありようを自覚させる、有力な手がかりになったといえる。ひとつの歴史書が生まれた背景は切り離され、それこそテキストそのものが独り立ちをしてゆく。この後の『日本書紀』が読まれた歴史は、誕生とは別に興味深いものである。

『日本書紀』については、すでにすぐれた研究がいくつもある。「書もつとその記載との研究」を進めた津田左右吉《つだそうきち》、「記紀は書物であり、別して古典である」と講演した坂本太郎《さかもとたろう》、さらにその背後にある読書史の連なりを想像するとき、やはり先学の『日本書紀』との取り組みには深い畏敬を覚えた。それは古典と古典を尊重してきた先人に対する敬服である。

本書は先学が築いた山の頂をめざして、わずかに一石を加えただけであろう。むしろ本書を手に取られた読者が共感や疑問を抱いて、直接に『日本書紀』をひもとき、日本の古代史について関心を深めるきっかけになれば、それが本書と著者にとっての冥加である。

あとがき

日本の古代に関心を抱き、はじめて『日本書紀』を手に取ったのは中学生の頃だった。分からないなりに、市立図書館から借り出した中央公論社版の現代語訳を読んでいたことを憶えている。

その後も漠然と歴史への興味を持続していたが、別に日本史ひとすじというわけでもなく、むしろ東洋史や西洋史に魅力を感じていた。日本史、それも古代史に戻ってきたのは偶然である。

大学院で本格的に日本古代史を専攻するようになってからは、もっぱら『続日本紀』をはじめとする六国史を読み進めてきた。神話・伝承を含みこむ『日本書紀』と、公文書を主な素材とした『続日本紀』とでは、同じく勅撰でまとめられた古代の史書といっても、読み解くための方法が異なる。『日本書紀』の場合、記された内容がどれだけ信頼に足るものであるかを証明して進まなければならない。史料批判とよばれる手続きである。それは単純に歴史記録として『日本書紀』を扱うだけでは済まされず、『日本書紀』を繙《ひもと》く者の立場・姿勢までを表明することにつながってゆく。

だから『日本書紀』について関心を抱き続けながら、直接扱うことは避けてきた。研究会などで「では、『日本書紀』の場合はどう考えるのか」と質問されても、「他の六国史とは別に論じる必要がある。私はまだこの問題を扱うには充分な研究を積んでいない」とだけ答えていたものである。

ところがこのところ、思いもかけず『日本書紀』に関わった課題に取り組むことが多い。これも偶然ではあるが、二つのきっかけがあった。

ひとつは必要があって写本や注釈書を中心に『日本書紀』が読み継がれてきた歴史を調べたこと、もうひとつは大陸や半島に残る高句麗・新羅の遺跡を訪ねる機会に恵まれたことである。そこで改めて、自分の興味が歴史そのものよりも、歴史を書き記した歴史書の成り立ちに向けられていることを自覚し、『日本書紀』が古典として尊重されてきた意味や歴史記録としての価値に向きあうことができた。日本史のなかに完結しない史書の個性を、東アジアの『日本書紀』を視野に収めることができたのである。

書物としてながめたとき、『日本書紀』は複雑そして豊饒このうえもない。その重さや深さを理解するため、手が届く箇所からすこしづつ考察を進めていた折、幸いにも『日本書紀』を主題とした執筆の依頼をいただいた。

自分を顧みて引きうけることをためらいもしたが、書きあげてみるとありがたい経験だったと感じる。日ごろの研究や勤務先での講義内容を文章にすることを通して、不足している部分を補い、自分なりの考えをまとめることができたからである。とはいえ、はたして執筆の意図が成功しているかどうかは、読者の判断にゆだねなければならないだろう。

本書はふだんの何げない読書からも多くのヒントを得ている。参考文献に掲げたのはほんの一部で心苦しいのだけれども、多くの方々からの学恩・ご厚情にお礼を申し上げたい。

吉川弘文館の石津輝真さんには執筆の機会をいただき、板橋奈緒子さんは適切丁寧な編集で導いてくださった。記して感謝する。

二〇一二年五月

遠　藤　慶　太

主要な参考文献

『日本書紀』のテキスト・注釈

黒板勝美編輯『新訂増補国史大系　日本書紀』前篇・後篇（吉川弘文館、一九五一〜五二年）
坂本太郎・家永三郎・井上光貞・大野晋校注『日本古典文学大系　日本書紀』上・下（岩波書店、一九六七・六五年）。一九九四〜九五年に岩波文庫に収録、文庫本五冊
小島憲之・直木孝次郎・西宮一民・蔵中進・毛利正守校注・訳『新編日本古典文学全集　日本書紀』一〜三（小学館、一九九四〜九八年）
井上光貞監訳、川副武胤・佐伯有清・笹山晴生現代語訳『日本書紀』上・下（中央公論社、一九八七年）。二〇〇三年に中公クラッシックスに収録、新書版三冊。

全体にわたって（単行本のみ）

池内　宏『日本上代史の一研究―日鮮の交渉と日本書紀―』（中央公論美術出版、一九七〇年）
石母田正『日本の古代国家』（岩波書店、一九七一年）
犬飼　隆『木簡による日本語書記史』（笠間書院、二〇〇五年）、二〇一一年増訂版
井上光貞『井上光貞著作集2　日本古代思想史の研究』（岩波書店、一九八六年）
荊木美行『「日本書紀」とその世界』（燃焼社、一九九四年）
岩橋小彌太『増補　上代史籍の研究』上（吉川弘文館、一九七三年）

大津　透『天皇の歴史01　神話から歴史へ』（講談社、二〇一〇年）
大山誠一編『聖徳太子の真実』（平凡社、二〇〇三年）
大山誠一編『日本書紀の謎と聖徳太子』（平凡社、二〇一一年）
岡田精司『古代王権の祭祀と神話』（塙書房、一九七〇年）
岡田精司『神社の古代史』（大阪書籍、一九八五年）
角林文雄『「日本書紀」神代巻全注釈』（塙書房、一九九九年）
笠井倭人『研究史　倭の五王』（吉川弘文館、一九七三年）
加藤謙吉『吉士と西漢氏　渡来氏族の実像』（白水社、二〇〇一年）
加藤謙吉『大和政権とフミヒト制』（吉川弘文館、二〇〇二年）
鎌田元一『律令国家史の研究』（塙書房、二〇〇八年）
吉林省文物考古研究所・集安市博物館編『集安高句麗王陵―一九九〇～二〇〇三年集安高句麗王陵調査報告』（文物出版社、二〇〇四年）
木下礼仁『日本書紀と古代朝鮮』（塙書房、一九九三年）
金　文京『漢文と東アジア―訓読の文化圏』（岩波新書、二〇一〇年）
熊谷公男『日本の歴史03　大王から天皇へ』（講談社学術文庫、二〇〇八年）二〇〇一年初出
倉野憲司『日本神話』（河出書房、一九三八年）一九五二年改訂
神野志隆光『古事記と日本書紀　「天皇神話」の歴史』（講談社現代新書、一九九九年）
国立扶余博物館『百済中興を夢見る　陵山里寺址』（二〇一〇年）

小島憲之『上代日本文学と中国文学』上（塙書房、一九六二年）
小林敏男『日本古代国家形成史考』（校倉書房、二〇〇六年）
斎藤国治『古天文学の道　歴史の中の天文現象』（原書房、一九九〇年）
斎藤国治編著『小川清彦著作集　古天文　暦日の研究―天文学で解く歴史の謎―』（皓星社、一九九七年）
坂本太郎『坂本太郎著作集2　古事記と日本書紀』（吉川弘文館、一九八八年）
坂本太郎『坂本太郎著作集3　六国史』（吉川弘文館、一九八九年）
新川登亀男・早川万年編『史料としての「日本書紀」　津田左右吉を読みなおす』（勉誠出版、二〇一一年）
末永雅雄・三品彰英・横田健一『神話と考古学の間』（創元社、一九七三年）
鈴木靖民編『日本の時代史2　倭国と東アジア』（吉川弘文館、二〇〇二年）
鈴木靖民編『古代東アジアの仏教と王権　王興寺から飛鳥寺へ』（勉誠出版、二〇一〇年）
武田祐吉『武田祐吉著作集2　古事記篇Ⅰ』（角川書店、一九七三年）
武田幸男『高句麗史と東アジア』（岩波書店、一九八九年）
武田幸男『広開土王碑との対話』（白帝社、二〇〇七年）
田中　卓『田中卓著作集10　古典籍と史料』（国書刊行会、一九九三年）
田中俊明『大加耶連盟の興亡と「任那」　加耶琴だけが残った』（吉川弘文館、一九九二年）
田中俊明『古代の日本と加耶』（山川出版社、二〇〇九年）

田中史生『越境の古代史―倭と日本をめぐるアジアンネットワーク』（ちくま新書、二〇〇九年）
塚口義信『ヤマト王権の謎をとく』（学生社、一九九三年）
津田左右吉『日本古典の研究』上・下（岩波書店、一九四八・五〇年）
遠山美都男編『日本書紀の読み方』（講談社現代新書、二〇〇四年）
礪波護・武田幸男『世界の歴史6　隋唐帝国と古代朝鮮』（中央公論社、一九九七年）
直木孝次郎『日本神話と古代国家』（講談社学術文庫、一九九〇年）
直木孝次郎『直木孝次郎古代を語る3　神話と古事記・日本書紀』（吉川弘文館、二〇〇八年）
那珂通世著・三品彰英増補『増補　上世年紀考』（養徳社、一九四八年）
西宮一民『日本上代の文章と表記』（風間書房、一九七〇年）
細井浩志『古代の天文異変と史書』（吉川弘文館、二〇〇七年）
松前　健『松前健著作集5　日本神話原論』（おうふう、一九九八年）
松前　健『松前健著作集6　王権祭式論』（おうふう、一九九八年）
三品彰英『三品彰英論文集2　建国神話の諸問題』（平凡社、一九七一年）
三品彰英『日本書紀朝鮮関係記事考證』上・下（天山舎、二〇〇二年）、上巻は一九六二年初出
水谷千秋『謎の大王　継体天皇』（文春新書、二〇〇一年）
美濃加茂市民ミュージアム・早稲田大学『没後50年　津田左右吉展』（二〇一一年）
森　公章『戦争の日本史1　東アジアの動乱と倭国』（吉川弘文館、二〇〇六年）
森　公章『倭の五王　五世紀の東アジアと倭王群像』（山川出版社、二〇一〇年）

森　博達『日本書紀の謎を解く　述作者は誰か』（中公新書、一九九九年）
森　博達『日本書紀　成立の真実　書き換えの主導者は誰か』（中央公論新社、二〇一一年）
山尾幸久『古代の日朝関係』（塙書房、一九八九年）
山田英雄『日本書紀』（教育社歴史新書、一九七九年）
吉川真司『シリーズ日本古代史3　飛鳥の都』（岩波新書、二〇一一年）
吉村武彦編『古代を考える　継体・欽明朝と仏教伝来』（吉川弘文館、一九九九年）
和田　萃『大系日本の歴史2　古墳の時代』（小学館ライブラリー、一九九二年）、一九八八年初出
和田　萃『日本古代の儀礼と祭祀・信仰』上（塙書房、一九九五年）
李　成市『古代東アジアの民族と国家』（岩波書店、一九九八年）

著者紹介

一九七四年　兵庫県に生まれる
一九九七年　皇學館大学文学部国史学科卒業
二〇〇四年　大阪市立大学文学研究科博士後期課程修了
現在、皇學館大学史料編纂所准教授
主要著書・論文
『平安勅撰史書研究』（皇學館大学出版部、二〇〇六年）「『日本書紀』の分註」（『ヒストリア』二一四、二〇〇九年）「古代国家と史書の成立」（『日本史研究』五七一、二〇一〇年）

歴史文化ライブラリー
349

東アジアの日本書紀
―歴史書の誕生―

二〇一二年（平成二十四）八月一日　第一刷発行

著　者　遠《えん》藤《どう》慶《けい》太《た》
発行者　前田求恭
発行所　株式会社吉川弘文館
東京都文京区本郷七丁目二番八号
郵便番号一一三―〇〇三三
電話〇三―三八一三―九一五一〈代表〉
振替口座〇〇一〇〇―五―二四四
http://www.yoshikawa-k.co.jp/
印刷＝株式会社平文社
製本＝ナショナル製本協同組合
装幀＝清水良洋・大胡田友紀

ISBN978-4-642-05749-3

歴史文化ライブラリー

1996.10

刊行のことば

現今の日本および国際社会は、さまざまな面で大変動の時代を迎えておりますが、近づきつつある二十一世紀は人類史の到達点として、物質的な繁栄のみならず文化や自然・社会環境を謳歌できる平和な社会でなければなりません。しかしながら高度成長・技術革新にともなう急激な変貌は「自己本位な刹那主義」の風潮を生みだし、先人が築いてきた歴史や文化に学ぶ余裕もなく、いまだ明るい人類の将来が展望できていないようにも見えます。このような状況を踏まえ、よりよい二十一世紀社会を築くために、人類誕生から現在に至る「人類の遺産・教訓」としてのあらゆる分野の歴史と文化を「歴史文化ライブラリー」として刊行することといたしました。

小社は、安政四年（一八五七）の創業以来、一貫して歴史学を中心とした専門出版社として書籍を刊行しつづけてまいりました。その経験を生かし、学問成果にもとづいた本叢書を刊行し社会的要請に応えて行きたいと考えております。

現代は、マスメディアが発達した高度情報化社会といわれますが、私どもはあくまでも活字を主体とした出版こそ、ものの本質を考える基礎と信じ、本叢書をとおして社会に訴えてまいりたいと思います。これから生まれでる一冊一冊が、それぞれの読者を知的冒険の旅へと誘い、希望に満ちた人類の未来を構築する糧となれば幸いです。

吉川弘文館